百 贤 图

[明] 焦竑————————撰
思　齐————————编
丁云鹏等————————绘画

图文版人物写真

陕西新华出版　三秦出版社

出版说明

这是一套浓缩的中国历史普及读物,它舍去斑驳陆离的历史过程、莫衷一是的是非功过,只是眼盯着历史上那些鲜活生动的三教九流、芸芸众生,按照特定的价值尺度,选取一百名风格各异的人物。如果说五千年中国历史是一部戏剧,那么这些人物基本上就是剧中的主要演员了。《百将图》荟萃了各个朝代的军事精英,名将们以其大智大勇力挽狂澜而赢得了人们的尊敬,他们有的是一仗成名,少年得志;有的是老谋深算,百战百胜。战争和危难为他们提供了一展身手的机遇,使他们名垂青史。《百美图》实则是中国历史上女性群体中的翘楚,容貌和姿色并不是她们入选的主要资本,聪慧和善良才使她们备受垂青。《百孝图》搜辑历代孝亲敬老故事,意在延续中华古代第一美德的血脉。《百帝图》总结历代帝王兴衰成败的关键,通过一个个故事把美德和痼疾同时展现。《百贤图》汇辑历代名臣言行和儒林故事,描绘了中国古代士大夫的精神风范。《百仙图》着眼于遁世避俗者这一特殊群体,用小说家言诠释他们的准真实故事。

此次整理出版这套小书,基本都是在古人原书基础上,补充了大量资料后改写而成稿。书中插图大多数为古书原图,具有较高的欣赏和收藏价值。

前言

这本《百贤图》是在明代人焦竑等人所撰《养正图解》基础上,经过整理增补而成。焦竑字弱侯,号澹园,江宁人。少时即以博学多才闻名,神宗万历年间以殿试第一被任为翰林修撰。他性格耿直,对于朝政中的弊病,经常直言不讳地提出批评,因此受到朝廷的排斥,被贬为福宁州同知,不久便辞官隐避,一心闭门著书。焦竑一生博览群书,善于作文,文章典丽雅致,有大家风范。主要作品有《易鉴》、《禹贡解》、《澹然集》、《逊国忠臣录》、《熙朝名臣实录》等。这部《养正图解》是呈献给万历皇帝御览的道德教育读本，采集上古以来明君贤相、忠臣孝子的感人事迹，旨在劝诫明朝君臣以古为鉴，见贤思齐，提高道德修养。书中正文由焦竑执笔；中书舍人吴继序对正文作了进一步阐释解说，这些解说文字往往结合明朝实际广征博引，纵论今古，资治教化的意味最为浓厚。

原书每篇故事都对应一幅绘画。绘画出自明代画家丁云鹏之手。丁云鹏字南羽，号圣华居士，其绘画以白描人物、山水、佛像见长。《养正图解》中的插图朴实无华而又韵味十足，堪称同类作品中的上品。

《百贤图》除收入全本《养正图解》之外，还增加了部分著名的圣贤故事，插图借用了清末民初画家马骀的一些作品。书中不妥之处，还请读者批评指正。

编　者
2001年8月

目 录

寝门视膳 ………………………………（ 1 ）
膳斥鲍鱼 ………………………………（ 3 ）
赈贷贫民 ………………………………（ 5 ）
丹书受戒 ………………………………（ 7 ）
听朝四辅 ………………………………（ 9 ）
桐叶封虞 ………………………………（ 11 ）
亟用贤人 ………………………………（ 13 ）
戒君节饮 ………………………………（ 15 ）
善言格天 ………………………………（ 17 ）
自结履系 ………………………………（ 19 ）

百贤图

夫妇如宾 …………………………（21）
托相献规 …………………………（23）
廷理执法 …………………………（25）
仁言动众 …………………………（27）
因乐求贤 …………………………（29）
得贤弭盗 …………………………（31）
敧器示戒 …………………………（33）
金人示戒 …………………………（35）
贱货尊贤 …………………………（37）
泣思直臣 …………………………（39）
询求政术 …………………………（41）
诛绝佞人 …………………………（43）
伯牙鼓琴 …………………………（45）
季札挂剑 …………………………（47）
隐迹五湖 …………………………（49）
咨访相材 …………………………（51）
式闾礼士 …………………………（53）
妙策谕下 …………………………（55）
雨不失期 …………………………（57）
旌贤去奸 …………………………（59）
弹剑而歌 …………………………（61）
敞裤待功 …………………………（63）
井窥示警 …………………………（65）

教子务学 …………………………………（67）
圯上受书 …………………………………（69）
海上牧豕 …………………………………（71）
卜式助边 …………………………………（73）
负薪读书 …………………………………（75）
守节不渝 …………………………………（77）
下帷发愤 …………………………………（79）
带经而锄 …………………………………（81）
卖剑买牛 …………………………………（83）
条陈故事 …………………………………（85）
嘉奖勤学 …………………………………（87）
暮夜四知 …………………………………（89）
子陵罢钓 …………………………………（91）
韩康卖药 …………………………………（93）
下车问疾 …………………………………（95）
遣使质疑 …………………………………（97）
爱惜郎官 …………………………………（99）
神气不异 …………………………………（101）
表正乡闾 …………………………………（103）
一钱太守 …………………………………（105）
托物喻政 …………………………………（107）
礼聘遗贤 …………………………………（109）
师事名贤 …………………………………（111）

百贤图

离任留犊 ………………………………… (113)
教子读书 ………………………………… (115)
伤指自悲 ………………………………… (117)
映雪读书 ………………………………… (119)
运甓习劳 ………………………………… (121)
羲之饲鹅 ………………………………… (123)
不卖的卢 ………………………………… (125)
渊明爱菊 ………………………………… (127)
饮泉不贪 ………………………………… (129)
闻鸡起舞 ………………………………… (131)
藏火燃灯 ………………………………… (133)
学忘驱雀 ………………………………… (135)
观获进规 ………………………………… (137)
投签警寐 ………………………………… (139)
挂角攻书 ………………………………… (141)
弓矢喻政 ………………………………… (143)
开馆亲贤 ………………………………… (145)
习射殿廷 ………………………………… (147)
崇师问道 ………………………………… (149)
上书减膳 ………………………………… (151)
宦中消息 ………………………………… (153)
盛德包容 ………………………………… (155)
饮马投钱 ………………………………… (157)

观图自警 …………………………………… (159)
煮药燃须 …………………………………… (161)
克己任贤 …………………………………… (163)
奖劝循良 …………………………………… (165)
屏妻避祸 …………………………………… (167)
铸铁成砚 …………………………………… (169)
乐受格言 …………………………………… (171)
散遣宫人 …………………………………… (173)
遵守旧章 …………………………………… (175)
论字知非 …………………………………… (177)
常读论语 …………………………………… (179)
焚香告天 …………………………………… (181)
借事纳忠 …………………………………… (183)
划粥断齑 …………………………………… (185)
编竹渡蚁 …………………………………… (187)
手植三槐 …………………………………… (189)
毁器试子 …………………………………… (191)
善诵增色 …………………………………… (193)
嗜学失牛 …………………………………… (195)

寝门视膳

周文王姬昌是西周王朝的奠基人,据史书记载,他在位时广行仁德,敬老尊贤,曾经为了接待贤士,从早晨操劳到中午,连吃饭都顾不上。因此当商纣王倒行逆施、众叛亲离之时,许多贤才都向西方投奔到文王的麾下,为他献计出力,最终推翻了商朝的统治。文王的优秀品质是自小养成的,他的父亲季历在世时,文王作为世子,对父王十分孝敬,每天要探望三次,远远超过了"晨定昏省"的惯例。鸡叫的时候他就起身穿衣,到父王的寝宫门外问那些近侍:"父王昨夜睡得好吗?"得到肯定的答复后,他就面露喜色,放心地离去。到了中午,他又去寝门外探视,询问父王的情况。等到天黑之后,他放心不下,非得再去探望一次不可。如果得知父王身体有些不舒服,他马上心急如焚,愁容满面,神情恍惚,走路时脚步都错乱了。直到父王恢复了健康,他心上一块石头才算落地。他十分关心父王的膳食,每天给父王准备的饭食,他都要试试热冷,生怕不符合父王的口味。父王吃过饭之后,他常常向父王身边的人仔细了解,父王对这顿饭是否满意,喜欢吃哪几样食物,吃了多少,对于父王不喜欢吃的饭菜,他就关照掌膳的人,以后不要再做了。周文王对季历的孝敬堪称古今罕有,不愧是中国传统孝道的实践者和倡导者,他的孝德成为千古传颂的佳话。

百贤图

膳斥鲍鱼

周王季历死后，姬昌继承王位，广纳四方贤才，不断积蓄力量，先后攻灭了许多小国，使周的国势空前强盛。特别是有一次姬昌出外打猎，在渭水北岸遇到了年过古稀的贤人姜太公，交谈之后，相见恨晚，马上拜太公为国师。姬昌平时除了向太公请教治国安邦、用兵征战的韬略之外，还让太公负责教导儿子姬发，就是后来的周武王。姜太公果然不辜负文王的一片苦心，对武王悉心教导，从文韬武略到为人处世，都加以指点。大到军国要务，小到日常饮食起居，只要稍有不妥，马上言辞恳切地加以纠正。不久，太公发现姬发喜欢吃鲍鱼，便吩咐厨师今后不许烹制鲍鱼。姬发起初有些想不通，认为这不过是个饮食习惯问题。太公耐心地解释说："自古以来在祭祀用的食物中从来不用鲍鱼，因为人们普遍认为鲍鱼是一种不雅的食物，吃鲍鱼是不合礼节的。您身为王位继承人，在各方面都要做出榜样，怎么能够吃这种非礼之食呢！"姬发心悦诚服地听从了太公的规劝，从此以后再也不吃鲍鱼了。

百贤图

赈贷贫民

周文王有一次问姜尚说："怎样才能治理好天下呢？"姜尚想一想，郑重地回答说："用王道治理的国家必然是民富国强；崇尚霸业的国家里必然聚集着大量的贤能之士；国势衰弱的国家里必定养着许多高官显宦；政治腐败的国家里必定是国库充盈，因为统治者把民众的财物都搜刮到府库里了。这最后一种做法是最不应该的。古人主张财货应当像流水一样不停地流通，所以才把钱币叫做'泉布'。如果只知道聚敛，而不流通，就会使有用的东西白白闲置在那里，贪官污吏挥霍浪费，盗贼巧取豪夺，一般百姓就无法生存了。就好比一个盛水的容器，上面往出溢，底下向外漏，很快就会枯竭。府库一旦枯竭国家还能存在吗？"文王认为姜尚说的很好。姜尚趁热打铁，说："既然是善言，就不应当拖到明天去实行，否则会给国家带来灾祸。"文王便在当天下令，拿出国库中的财物，分发给生活贫困的人们，受到万民的称颂。

百贤图

丹书受戒

周武王登基之初，问姜尚说："前人创立基业，都想让子孙代代相传，而实际上真正能守住江山的很少。有什么法宝吗？"姜尚回答说："《丹书》中就讲的这些，大王要想知道，就请斋戒吧！"三天后，周武王衣冠整洁地走下大殿，面朝南站立，等待姜尚传授。姜尚说："南面是君位，大王朝南而立，那么《丹书》就只能朝北而授，这是对《丹书》的大不敬。"周武王想了想，就面朝东站立。姜尚这才面朝西诵读："用恭敬克制懈怠，国运就昌盛；用轻慢代替敬畏，国运就衰亡。公义战胜私欲，事业就顺利；私欲战胜公义，就会招来凶险。"周武王听了书中的话，诚惶诚恐，奉为金玉良言，将其书写在座位的周围，随时提醒自己，一丝一毫也不敢松懈。

百贤图

听朝四辅

周成王继位时年纪很小,多亏有忠臣贤士辅佐,才保证了社稷江山的稳固。据史书记载当时主要有这么四位辅佐之臣:一是"道"的化身,力行仁义而好学,见多识广而通晓天道。天子有了疑问,马上就能解答,没有什么问题能难倒他。平时总是侍立在天子前面,这就是周公。再就是所谓"充",行事果断,持守正道,能够帮助天子做出决断,平时总是侍立在天子右侧,这就是太公望。还有所谓的"弼",洁身自好,正直廉明,能够纠正天子的过失,谏阻天子以免其被奸邪所误,平时总是侍立在天子的左侧,这就是召公。最后一个就是"承",博闻强记,才思敏捷,善于应对,可以提醒天子,帮助其记起遗忘的事情。平时总是侍立在天子身后,这就是史佚。周成王正是借助于这四位贤臣的尽心辅助,才保证了政令畅通,内外大事都处理得十分妥当,没有出现重大的失误。

百贤图

桐叶封虞

　　史佚是周成王身边的侍臣。有一天，周成王与少弟叔虞在宫苑中闲游，将桐树叶剪成诸侯所执的圭形，与叔虞开玩笑说："我用这圭封你为侯。"史佚就命人择定吉日，筹备册封典礼。成王说："我不过是和他开个玩笑罢了，何必当真呢。"史佚说："天子口中无戏言，一言既出，史官就记在书册上，当做国家政令向下推行，怎么可以开玩笑呢？现在大王既然说了封侯的话，就应当付诸实施。"成王无法推辞，就将叔虞封在唐尧旧都，号称唐侯。从此以后，成王再也不敢随随便便地说话做事了。

百贤图

亟用贤人

宁戚是春秋时齐国的贤臣。本是卫国人，家中贫穷，替别人赶车，来到齐国，在下车给牛喂食时敲着牛角唱歌。齐桓公听说后感到惊异，就让管仲前去接他到宫中，一交谈，认为他是难得的贤才，马上决定拜他为上卿。群臣劝阻说："不如派人到卫国打听一下他的底细，如果确实有才能，再重用也不迟。"桓公说："不行，派人去问，如果他有小的毛病，我怕会因此而忽视他的大的优点。许多做国君的就是这样失去人才的。"于是连夜点起烛火，拜宁戚为上卿。以后又任命为国相。

百贤图

戒君节饮

陈完是春秋时期陈国的公子，陈宣公在位时，陈国人杀死太子御寇，陈完逃奔齐国。齐桓公想让他做卿，他拒绝了，齐桓公便让他做了工正。有一天，陈完请齐桓公饮酒，桓公欣然前往，开怀畅饮，君臣都很尽兴。酒到半酣，桓公见天色已黑，就想让人点起烛火继续痛饮。陈完劝阻说："臣请君王前来饮酒，只打算在白天进行，没有打算延续到夜晚啊！如果点起烛火，使君王沉溺于饮酒宴乐，实在不是臣的本意，所以不敢从命。"齐桓公尽管觉得有些扫兴，但听他说的入情入理，便也不好再说什么，带着随从悻悻离去。

百贤图

善言格天

春秋时期，宋景公在位时，荧惑星侵入心宿的位置，而心宿是东方之宿，属于宋国的分野。宋景公很害怕，就把善于占候的宋国太史子韦召来询问，子韦说："荧惑是天上的罚星，现在侵入心宿，预示着君王有杀身之祸！不过也可以设法将此灾祸移到别处，如可以移到宰相身上。"宋景公说："宰相是与我共同治理国家的人，让他死对国家不利。"子韦又说："还可移到民众身上。"景公说："民众如果都死了，我还给谁当君主呢？"子韦说："也可以移到收成上。"景公说："收成如果坏了，民众就会挨饿，民众饥饿就会死亡。作为君王，却杀害自己的臣民来求得自己活命，那么以后谁还会拥戴我做君王呢！看来是我的寿命已尽，你不必再说了。"子韦退了出去，马上又返回来，再次跪拜说："臣恭喜君王！上天居高临下，君王刚才说了三句善言，上天必定要奖赏君王三次。今夜荧惑星必定会移动三舍，君王也将延长二十一年寿命。"景公问："你怎么知道？"子韦说："有三句善言，必定会得到三次奖赏。荧惑三次移动，每次移动经过七星，每星相当一年，算下来恰好是二十一年。"当晚，荧惑星果然移动三舍。

百贤图

自结履系

春秋五霸之一的晋文公重耳，有一次与楚国交战，来到黄凤之陵旁边，鞋带忽然松开了，他赶紧蹲下身去，自己动手把鞋带系好。左右的臣子问他说："为什么不叫手下人代劳，而要亲自动手呢？"晋文公回答说："我听说最贤明的君王，身边都是些让他敬畏的人；中等的君王，身边都是些他所宠爱的人；下等的君王，身边都是些供他随意驱使的人。我虽然不敢说是最上一等的贤君，可是身边都是先君留下的老臣，或者可敬，或者可爱，我怎么忍心让他们去干只有仆隶才做的杂役之事呢！"

百贤图

夫妇如宾

晋国大臣臼季有一次奉晋文公之命出使外地，路过冀的时候，看见冀缺正在田间除草，他的妻子前来给他送饭，双手捧着饭碗，毕恭毕敬地递给丈夫。夫妇二人彼此互敬互爱，就像对待宾客一样。臼季由此得知冀缺一定是个贤能的人，就带着他一同回去见晋文公，对文公说："恭敬是德行的集中体现，人如果能够做到恭敬，那么各种美德就会集于一身，人就会成为一个高尚的人，这样的人完全可以身居上位来治理民众。君王为什么不能重用他呢？"晋文公认为臼季说的很有道理，当即拜冀缺为下军大夫。

百贤图

托相献规

春秋时期，楚国有个善于给人看相的人，看得十分准，所说的话全都应验。楚国人一传十，十传百，传到楚庄王耳中，楚庄王很惊奇，就把这个人召进宫中，问他有什么秘诀，这个人说："我其实并不会给人看相，我之所以能够未卜先知，完全是通过观察人的朋友来加以判断，而且全都准确无误。对于平民百姓来说，如果他的朋友都是些孝敬父母、友爱兄弟、纯朴善良、遵纪守法的人，那么这个人的家庭必定越来越兴旺，他本人也将越来越显贵。这样的人就是人们常说的吉人。对于事奉君王的臣子来说，如果所交的朋友都忠诚守信，品行高尚，乐施好善，那么此人必定官运亨通，前程不可限量。这样的臣子就是人们所说的吉臣。对于君王来说，如果手下的臣子都很贤能，又忠心耿耿，主上有了过失都能争着进谏纠正，那么国家就会一天比一天安定，君主的地位一天比一天稳固，天下百姓争着前来归附。这样的君主就是人们常说的吉主。"楚庄王深受启发，从此广纳贤士，励精图治，终于成为霸主。

百贤图

廷理执法

楚庄王的宫中有道门叫茅门,庄王立下法令,群臣大夫以及诸公子入朝时,必须远远停车下马,假如马蹄踩坏了檐下承接雨水的地砖,就要被砍断马车的车辕,并处死驾车的人。不久,太子乘车入朝,一不留神,马蹄踩坏了地砖,负责执法的官员廷理便依法砍断太子的车辕,并杀死了车夫。太子大怒,哭着到楚庄王面前诉说,要庄王杀掉廷理,替他出气。楚庄王说:"法令就是用来礼敬宗庙、尊崇社稷的,所以那些能够严格按照法令行事的人,就是国家的栋梁,怎么能诛杀呢!再说违犯法令就是目无君上,会败坏君主的威信,使君主的地位受到威胁。如果我保不住王位,我又能留给你什么呢?"太子听了大惊失色,赶紧告退,回到自己的住处闭门思过,并一再向楚庄王请罪。

百贤图

仁言动众

楚庄王带领军队围困宋国的附庸国萧国（在今安徽萧县西北），萧国的民众纷纷逃亡，楚国军队乘势进攻。楚国大臣申公巫臣对楚庄王说："现在外面天寒地冻，三军将士正在经受严寒的考验！"楚庄王听了这话，一下子被提醒了，马上亲临军营中巡视，对将士们进行慰问和勉励。楚军将士十分感动，当时就忘记了天气的寒冷，就像穿上了厚厚的丝棉衣，心里热乎乎的，士气也一下子高涨了许多，个个奋勇作战，很快灭掉了萧国。这是公元前597年的事情。

1500多年后的北宋初年，宋太祖命大将王全斌率领数万军队前去征讨后蜀。当时也是寒冬时节，有一天京城汴梁下起了大雪，宋太祖正在处理政事，忽然有所感悟，对身边的人说："我身上穿得这么厚，尚且觉得寒气袭人，而那些西征的将士衣衫单薄，怎么忍受得了！"当即脱下自己的皮衣皮帽，派人火速拿去赐给王全斌，王全斌大为感激，督率宋军很快消灭了后蜀。

百贤图

因乐求贤

春秋时期,诸侯国彼此争战不已。有一天,晋悼公与大夫司马侯登上高高的楼台远望,只见远近景色美不胜收,令人心旷神怡。晋悼公问司马侯:"感到快乐吧?"司马侯回答说:"登高临下的乐趣确实体会到了,可是关于德义的乐趣却没有体会到。"晋悼公吃惊地问:"什么是德义之乐?"司马侯回答说:"凡是有作为的君王,每天必定有贤臣陪伴在身边,对于好的事情就劝导君王去做,对于不好的事情就劝君王改正。这样君王所做的每件事情就都符合德义,因而就能享受到德义所带来的乐趣了!"晋悼公又问:"那么谁能够做到这一点呢?"司马侯回答说:"据我所知,群臣中只有叔向精通《春秋》一书,必定能够用德义来辅佐君王。"晋悼公当即命人把叔向召来,让他做太子彪的师傅。

百贤图

得贤弭盗

晋景公在位时，晋国大夫士会受到重用。士会不负众望，率领军队灭掉赤狄的甲氏、留吁、铎辰，功劳卓著。晋景公特意颁赐华贵的礼服，任命士会为中军元帅，兼任太傅。消息传出后，晋国境内的盗贼十分惊恐，他们深知士会才能出众，执法严明，担心自己大祸临头，便纷纷逃往西方的秦国。大夫羊舌职高兴地说："我听说大禹任用贤才，那些恶人便逃之夭夭，大概就是指的这种情形吧！善人在朝中掌权，则国中就没有坏人的容身之地。"

像这样的例子在历史上还有许多，如战国时魏文侯拜卜子夏为师，与田子方等友善，秦国就不敢侵犯魏国的西河一带。西汉文帝任命魏尚做边地守将，匈奴人就不敢南侵。楚国用子玉为将，则文公侧席而坐。古人有一种说法，"十万之众，不如一贤。"这不是一句空话。东汉永和年间，荆州刺史李固入朝，看到侍中年纪都很小，没有一位德高望重的老臣宿儒稳定人心，不禁慨叹万端。

百贤图

敧器示戒

　　春秋末年，孔子到周朝的宗庙中去参拜，看到一个形状奇特的容器。孔子就问守庙的人说："这是什么东西？"守庙的人回答说："这是专门放在座位旁边表示警戒的容器。"孔子说："我听说这种容器很有意思，装满水就会倾覆，里边一点儿水不装时是倾斜的，只有装的水量适中时才能保持中正，果真如此吗？"守庙的人说："确实如此！"孔子便让子路取水来试，果然当水装满时便翻倒，无水时则呈倾斜状态，装一半水时端端正正。孔子禁不住喟然长叹，说："哪里有满盈而不倾覆的呢！"看来古人深深领会了盈虚消长的道理，把握了进退存亡的真谛，又担心人们不能时刻保持清醒的头脑，因此制做了这种器物，放置在座位旁边，让人随时能看到，心中经常保持一份警觉，一丝一毫也不敢骄傲自满，从而可以保证江山社稷永远稳固。

百贤图

金人示戒

　　孔子曾经到周王室参观，来到供奉太祖后稷的宗庙中，看到庙堂右边台阶的前面有个铜人，它的嘴巴被封了三层，背上刻着这样一段文字："这是古时候教人说话要谨慎的人。要引以为戒啊！不要多说话，多说话多败亡；不要多兴起事端，多事端则多祸患。安乐时一定要警惕，不要去做使自己后悔的事情。别以为没有什么妨害，它的祸患将会很大；别以为没有人听见，天神将在暗中探察着人的行为。火苗初起时不及时扑灭，等到燃起熊熊大火时就只能无可奈何；涓涓细流如果不及时堵塞，最终就会汇成江河湖海；丝线绵绵不断，可以织成罗网；草木的幼苗不被拔掉，日后就要动用大斧来砍伐。君子明白自己不可能胜过天下的人，所以甘居人下；明白自己不可能先于众人，所以甘居人后……"孔子读了这段铭文，回头对弟子们说："你们应当记住这些话，千万不要因言语不慎而招致灾祸！"

百贤图

贱货尊贤

楚国大臣王孙圉到晋国去访问，晋定公隆重地接待了他。晋国上卿赵简子敲着玉器在宴席上作陪。赵简子问王孙圉说："楚国那块著名的宝玉'白珩'现在还在吗？它究竟有多么贵重？"王孙圉回答说："金玉器玩没有什么了不起，有它不多，无它不少，楚国从来没有拿它当宝贝，楚国人倒是把观射父和左史倚相两位贤臣看作国宝，因为观射父善于词令，很会处理外交事务，使诸侯难以抓住我们国君的口实。而左史倚相精通古往今来的经典，能够说出各种事物的来龙去脉，从早到晚向国君讲述历史上的成败得失，使得国君不敢忘记先王创业的艰难，励精图治，发奋图强。这样一来，友邦都对我们国家表示亲善，而四方的强国虽然虎视眈眈却不敢轻举妄动。所以他们二人才是稀世珍宝啊！至于白珩，不过是先王的一件玩物而已，算不上是什么宝贝。"

百贤图

泣思直臣

春秋末年晋国卿赵简子手下有位大臣叫周舍，性情十分耿直，经常当面指出赵简子的错误，赵简子有时觉得太失面子，难免会产生怨恨的心思。周舍却并不畏缩，照样我行我素。他对赵简子说："我愿意做一个直言无隐的臣子，手拿笔墨和简牍，专门搜集君主的过失，每天都有记录，一个月下来就会对君主有所帮助，一年下来就会收到良好的效果。"赵简子闭门不出，他也闭门不出；赵简子出外巡游，他也跟在身边。不久，周舍去世了。赵简子有一天与士大夫们在洪波台宴饮，酒到半酣时，赵简子忽然哭泣起来。在座的大臣们大吃一惊，不知发生了什么事，赶紧说道："臣等不知犯了什么罪过，惹得您如此伤心。"赵简子说："你们并没有过错。当初周舍曾说过，千羊之皮，不如一狐之腋。众人的唯唯诺诺，不如一人的直言无隐。过去商纣王的臣下都沉默服从，导致社稷灭亡；周武王的臣下言论自由，最终得了天下。自从周舍死后，我还没有听到有人指出我的过失，看来我很快就要败亡了啊！想到这些，不由得伤心落泪。"

百贤图

询求政术

　　董安于是春秋末年晋卿赵简子的臣下，曾任晋阳最高长官。有一次他向当时的贤人蹇老请教为政之道。蹇老回答说："为政之道有三个方面需要特别留意，就是忠、信、敢，分别代表忠诚、守信、果敢。"董安于还是有些不明白，特别是对这三者的具体运用不太清楚，于是就又问道："忠用在什么地方呢？"蹇老回答说："忠就是效忠于自己的君主，什么时候都不能有丝毫欺诈。""那么信用在什么场合呢？"回答说："信就是讲信用，言而有信，颁布的政令一定要不折不扣地实行，而且法令既出就绝不更改。""那么敢呢？""敢就是对于作奸犯科的坏人不能迁就，绝不能姑息养奸，否则就会酿成大患。"董安于高兴地说："只要把握好这三个方面，就完全可以把政事处理好了！"

　　董安于后来果然能够听从蹇老的教诲，忠心赵氏，勤恳辅政。晋国各卿发生内讧时，他认为自己没有尽到职责，自缢而死，赵国人为他立庙祭祀。

百贤图

42

诛绝佞人

赵简子当政时期，曾经十分信任栾激，无论什么事都要与栾激商量，可是有一天，赵简子忽然怒气冲冲地要把栾激沉到河里淹死。众人不知道赵简子为什么这样做，有人就上前劝解。赵简子的态度却十分坚决，毫无通融的余地。他历数了栾激的种种罪状："栾激是十足的奸佞小人，当我喜好音乐和美色时，栾激马上就替我物色到能歌善舞的美女；当我打算兴造宫殿台榭时，栾激很快就替我建起宽敞的宫室，亭台楼阁也都修建得别致典雅；当我要寻求上等的马匹和技术熟练的车夫时，栾激马上就替我物色停当。可是如今我最需要搜罗天下的贤士，已经六年了，时间不算短了，而栾激居然没有向我引荐一个人。前面的三种爱好是我的过失，栾激都极力满足，使我的过失越来越大，这无疑是助长我犯错误。喜好贤士是我的优点，他却不积极支持，百般拖延阻挠，以致于我的优点越来越少，这岂不是在打击我的上进心吗？所以我要把他沉入河中淹死！"

百贤图

伯牙鼓琴

春秋时期楚国有个叫伯牙的人，以擅长弹琴而出名，他有一个好朋友叫钟子期，对琴音具有非凡的鉴赏和辨别能力。伯牙弹琴时，如果琴声高昂激越，雄奇刚劲，透出一种高大雄伟气势，钟子期就会情不自禁地赞叹说："好啊！巍然耸立，这是高山的雄姿啊！"一会儿，琴声又变得悠扬舒展，不绝如缕，钟子期就会赞叹道："奇妙啊！浩浩荡荡，这是流水势不可挡的风采啊！"伯牙听了钟子期的话，报以会心的微笑，一切都在不言中，钟子期是他真正的知音。伯牙热血沸腾，双手在琴弦上娴熟而欢快地跳跃着，美妙的琴声越过溪涧，越过高山，直传到白云飘动的九霄之上。

钟子期死后，伯牙认为世上再也没有人能听懂他的琴声，于是他收起了心爱的琴，终生不再弹奏。

百贤图

季札挂剑

　　季札是春秋时期吴王寿梦的小儿子，从小就行为端方，淡泊自好，不慕荣利，为人正直守信。吴王寿梦认为他是个贤能的人，就打算把王位传给他，可是他却坚辞不受，宁愿隐居山林也不愿当国王，结果被封在延陵，人们称他为延陵季子。季札喜欢到处巡游，经常出使当时的几个大国，并结交了许多贤能之士，他的名声也越来越大。有一次他去鲁国观赏周朝的音乐，经过徐国时，顺便拜会了徐国的国君。徐君对季札挂在腰间的佩剑称赞不已，有心开口索要，又不好意思说明。季札看出了徐君的心思，感到很是为难，因为他还有使命在身，佩剑不能随便赠人。他暗自打定主意，等到事情办完，返回时一定满足徐君的愿望。可是等到他返回途中再来到徐国时，却听说徐君已经死去。季札感慨良久，毫不犹豫地解下佩剑，将它挂在徐君墓冢旁的树枝上，拜祭一番，然后叹息着离开徐国。

百贤图

隐迹五湖

春秋末年政治家范蠡字少伯，楚国宛（今河南南阳）人。曾任越国大夫，越国被吴国打败，他曾赴吴国做了两年人质。回到越国后辅佐越王勾践卧薪尝胆发奋图强，终于灭掉了吴国，使越王勾践成为霸主。勾践封范蠡为上将军。范蠡认为大名之下，难以久居，且勾践的为人，只能共患难，不可共享乐。于是他上书向勾践请求隐退，勾践表示要与他共同拥有越国，如果他不答应就要杀死他。范蠡见明的不行，就悄悄整备行装，带了许多珍奇珠宝，与亲信之人一起离开了越国。传说他带着美女西施，乘船隐入五湖，又辗转来到齐国，辛苦经营，积下数十万家产。齐国人推举他为相，他叹息说："居家则致千金，居官则至卿相，这是平民中最成功的了，未必是好事啊！"于是辞去相位，把财产全都散给众人，只带着一些贵重宝物，悄悄来到陶（今山东定陶西北），改名陶朱公，通过经商成为一方巨富，过着富足安逸的生活。

百贤图

咨访相材

战国时期，魏国的建立者魏文侯是一位很有作为的国君。有一次，他打算在弟弟季成和好友翟璜二人中选拔一个为相，可是到底选谁，他反复斟酌，总是拿不定主意。于是便向大臣李克咨询。李克为魏文侯出了个主意，他说："要在二人中选择一个人为相，没有必要直接考察这两个人，可以考察一下此二人所举荐的人怎么样，也就是说只要看看王孙苟端和乐商的品行，马上就能知道在季成和翟璜二人中应该选谁了。"魏文侯一听茅塞顿开，连连点头称善，马上决定选弟弟季成为相。原来，王孙苟端是翟璜所举荐的，乐商是季成举荐的。王孙苟端品行低下，而乐商却是公认的贤能之士。所举荐的人品行低下，则举荐者也好不了多少；所举荐的人贤能，则举荐者必然也是贤才。因为物以类聚，人以群分，君子和小人往往各从其类，同气相求，君子往往惺惺相惜，小人常常臭味相投。李克深知这个道理，一下子为魏文侯解了难题，在历史上传为佳话。

百贤图

式闾礼士

段干木是魏国有名的贤士，姓段干，名木。原是晋国的一位生意人，后来跟随孔子的弟子卜商学习，成为学识渊博的人。魏文侯用高官厚禄招请他，他坚辞不受。从此名气更大了。有一次，魏文侯乘车经过他的住所，把身子伏在车辕上，以表示对他的敬意。魏文侯身边的随从好奇地问道："君王为何如此恭敬？"魏文侯回答说："这不是段干木的寓所吗？我怎么能不恭敬呢！我听说宁肯持守自己的德操，而不愿意接受我这国君的尊位。我还有什么资格骄傲呢？段干木以自己的德行为自豪，而我以江山国土为荣耀。段干木以拥有道义而感到充实，而我拥有的只是巨大的财富而已。"随从又问："既然段干木如此贤能，为什么不任命他为相呢？"魏文侯便请段干木出任魏国的相，段干木推辞不受。魏文侯便赐给段干木百万家财，而且时常到他的住处去拜访他。

不久，秦国发兵攻打魏国，秦国的谋臣司马唐劝阻秦王说："段干木是魏国有名的贤人，而魏国对他十分尊重，可见魏国的国君是很贤能的。有贤君主政的国家，是不宜去攻打的。"秦王认为他说的很有道理，便将军队撤回，放弃了攻魏的计划。

百贤图

妙策谕下

　　魏文侯派西门豹去做邺地的守令。临赴任时，文侯告诉西门豹说："到了那里之后，一定要收到成效、留下美名并广布恩义。"西门豹赶紧请教："怎么样才能做到这三个方面呢，还请君王赐教！"魏文侯说："你到了那里就知道了。每个地方都有贤豪辩博的人和喜好宣扬他人过失、隐瞒他人善行的人。豪贤的人是有德行的人，可以大胆去亲近；辩博的人一般都很有学问，可以拜他们为师；喜好揭人短处、隐人长处的人，虽然不是正人君子，但是可以通过他们的言论来察知士人的好坏。千万不能凭着自己听到的就冒然去做，要知道耳中听到的毕竟不如眼见的真实；眼见的又不如亲自走访过的来得真实；走访过的又不如亲手做过的来得真实。一个人初到一个地方去做官，就好像走进了一座黑暗的房间，什么都看不见，适应一段时间之后，才慢慢能看见周围的一切。只有明白了当地的情况，才谈得上进行治理。"西门豹听了魏文侯的一番指点，深受启发，到了邺地后，仔细了解当地的实情，除弊兴利，惩治奸邪，使当地的生产得到很大发展。

百贤图

雨不失期

魏文侯有一次与群臣饮宴，宴席上你来我往，觥筹交错，大家都很高兴。就在这时，外面忽然下起了雨，文侯猛地想起了一件事，当即吩咐人准备车驾，前往郊外。旁边的人劝文侯说："今天正饮到兴头上，天又下着雨，路上不好走，君王要到什么地方去？"魏文侯说："我想起我与掌管田猎的官员约好了，今天要去打猎，怎么能因为下雨和饮酒而不讲信用呢？就是要改变计划，我也得去给他打声招呼。"于是乘车来到郊野，见到掌管田猎的官员，当面向他说明事情的经过，取消了当初约定的打猎计划。

百贤图

旌贤去奸

战国时的齐威王刚刚即位的时候，把政事都交给卿大夫去办理，结果几年之后，齐国并没有富强起来。于是威王便把即墨大夫召来，对他说："自从你到即墨任职之后，诋毁你的言论不断传到我耳中，可是我派人去视察即墨，却发现那里庄稼长得很好，民众也很富裕，官吏办事从不拖拉，齐国的东方因此而太平无事。看来是因为你没有贿赂我身边的人替你说好话，所以他们才故意诋毁你。"赏赐给他万户。齐威王又召来阿大夫说："自从你任职以来，不断有人说你如何如何能干。可是我让人去看，见那里的田地都荒芜着，民众贫穷。当初赵国攻打鄄城，你不去援救；卫国占领了薛陵，你竟然茫然无知。你一定是用重金买通了我身边的人，所以他们才极力为你说好话。"当天就将阿大夫及那些替他吹嘘的奸人下了油锅。从此以后，齐国上下人人震恐，无论是在外地做官的还是在朝中议政的人，都不敢欺世盗名，弄虚作假，都尽心尽力效忠国家，齐国很快就强盛起来。

百贤图

弹剑而歌

战国时有著名的"四公子",即齐国的孟尝君、赵国的平原君、楚国的春申君和魏国的信陵君。在孟尝君的门下有个食客叫冯骥,来的时候只带着一口宝剑。孟尝君问他有什么能耐,他回答说别无所长,就想混口饭吃。不久就见他弹着剑唱道:"长剑呀咱们走吧,这里没有鱼吃!"孟尝君便提高了他的待遇,使他能吃上鱼。不久他又弹剑唱道:"长剑呀咱们走吧,这里出门没有车坐!"孟尝君再次对他优待,为他配备了车子。几天后他又唱道:"长剑呀咱们走吧,呆在这里不像在家!"孟尝君一听很不高兴。

一年之后,孟尝君要派人替他到封邑薛(今山东滕县南)收取债息,冯骥自告奋勇要求前往。到了之后,他把那些欠债人召集起来,当众一把火烧了债券。当地人十分感激孟尝君,后来当孟尝君回到薛地时,民众到百里外迎接。孟尝君这才意识到冯骥为他帮了大忙。

百贤图

敝袴待功

战国时期的韩昭侯，有一件穿过的旧袴，他吩咐身边的人妥为收存。身边的人感到很好笑，就对韩昭侯说："凡是具有仁厚心肠的国君，必定都会乐善好施，广布恩义。如今君王连这条旧袴都舍不得赏赐给身边的人，还要叫人收藏起来，似乎不像个仁德之君吧！"昭侯说："我听说圣明的君主要赏赐，就一定要赏赐有功的人。不要说赏赐衣物，就是一喜一怒，也都不能随便，发怒必须要有原因，高兴也必须要有原由。这条旧袴是我本人穿过的东西，其意义远远超过平时的生气和喜笑。我之所以要将它收藏好，就是等待有功的人出现，我再赏赐给他。"身边的人听罢，都认为昭侯说的很有道理。

百贤图

井窥示警

战国时期，齐国有个贤士列精子高，在齐湣王手下当差。他平时喜欢穿布衣，戴白色丝绸帽。有一天，他衣冠整齐地前去上朝，不料外面下起了雨，他怕弄脏了衣服，就提起衣服小心地走到堂下，问随从的人说："我的样子如何？"随从回答说："您的容貌很美！"列精子高一听这话，几步走到井台边，朝着井里看自己的影子，只见井水中映出一副丑陋的面容。列精子高不禁感慨万端地说："我的容貌明明很丑，可是随从因为我是齐王的近臣，所以曲意说好听的话来奉承我。齐王又是我的主子，贵为一国之君，那么奉承他的人就更多了。我用井为镜，照见了自己的容貌；他没有东西借鉴，无法发现自己的缺点，长此以往，怎么能不亡国呢！惟一能做君王镜子的就是朝中的士人。可是镜子照出人的衣冠，人们很高兴，而士人指出君主的过失，君主却很不高兴。岂不知镜子的功劳很细小，士人的功劳很伟大。人们为什么要舍大求小呢！"

百贤图

66

教子务学

汉高祖刘邦有一次对太子说:"我生在天下大乱的时代,正赶上秦朝禁止读书治学,我当时暗自高兴,觉得读书没有什么用处。可是自从当了皇帝之后,看了一些书籍,懂得了不少书中的道理。反思我以前所做过的事,许多都做得不对。要是早年多读些书,就可能避免这些过失。朝臣中如萧何、曹参、张良、陈平等人,都是与我同辈的人,论年纪要比你大一倍,你要拜他们为师,并告诫你的弟弟们也要这样做。"

汉高祖早年不读诗书,不喜欢儒生,是因为他没有条件接触多少书籍,也未遇到过真正的儒士。等到他稍微读了一些书籍,便能领会作者的意图,又能按照书中所说的道理,省察自己的过失,看来他不愧是古今最善于读书的人。在他之后,汉光武帝刘秀在戎马倥偬的间隙,放下兵器,与部下读书学习,探讨学问,传为千古佳话。汉明帝尤其钟情于古代典籍,大力倡导经学,朝臣中有许多人都是学富五车、皓首穷经的经学大师。这些人上朝时议论政事,退朝回家后就赶紧读书学习,以备皇上考问。结果上行下效,在社会上形成了浓厚的读经学习的风气。

百贤图

圯上受书

张良字子房，相传为城父（今河南郏县东）人，祖辈为韩国贵族。秦灭韩后，张良拿出全部家财收买刺客，在博浪沙（今河南原阳县东南）用大铁椎袭击秦始皇的车驾，没有得手，便隐姓埋名逃到下邳（今江苏睢宁北）。有一天，他闲逛到一座桥头，遇到一位衣着简朴的老人。老人走到张良面前，忽然脱下鞋子扔到桥下，看着张良说："年轻人，下去把鞋捡上来！"张良很吃惊，想要发作，念其年纪老迈，便强忍着下去将鞋子取回，老人又说："给我穿上！"张良耐着性子照办了。老人穿好鞋，笑着扬长而去，走出一里多地又折了回来，对张良说："孺子可教！五天后一大早，到这里见我！"张良满腹狐疑地答应了。第五天天一亮，张良就赶到桥上，老人已先到了，生气地对张良说："与老年人约会，怎么能迟到呢？五天后再来！"说完头也不回就走了。五天后鸡刚一叫，张良就起身赶到桥上，不料老人又比他先到，老人火冒三丈地质问张良："为什么来得这么晚？下次再来吧！"又过了五天，张良不敢怠慢，头天晚上不到半夜就来到约会地点，等了一会儿，老人才来，高兴地说："这就对了！"说着拿出一部书交给张良。这位老人就是黄石公，交给张良的是《太公兵法》。张良靠着这部书辅佐刘邦打败项羽，建立了汉朝。

百贤图

海上牧豕

西汉大臣公孙弘是菑川薛（今山东滕县南）人，年轻时做过狱吏，后因犯罪而免职。家中贫穷，不得已便到海边替人放猪。四十岁以后，开始学习《春秋》以及诸子百家的学说。汉武帝即位后，在天下广招贤良文学之士，此时公孙弘已经年届六十岁，以贤良的身份被征为博士。不久作为汉朝的使节出使匈奴，回来后向汉武帝汇报，汉武帝很不满意，认为他无能。公孙弘便以患病为由辞官隐退。几年之后，朝廷再次征召贤良文学，菑川国再次推荐公孙弘，公孙弘推辞说："我上次已经当选过一次，结果因能力低下而被罢免，还是另选人吧。"可是当地人坚持推举，于是公孙弘就做了掌管宗庙礼仪的太常。汉武帝发布诏令，命天下儒士就安邦治国的策略写出自己的看法，然后亲自阅览这些奏对，认为公孙弘的奏对在百余人中最为优秀。于是召见公孙弘，发现他相貌也很英俊，当即拜为博士，从此官运亨通，先是升为御史大夫，不久便做了丞相，八十岁时去世。

公孙弘一贯倡导节俭之风，自己也身体力行，据说他一床布被盖了十年，每顿饭只吃一样肉菜和糙米饭。凡是故旧宾客前来投靠他，他就拿自己的俸禄来供养，家中没有一点积蓄。

百贤图

卜式助边

卜式是西汉时期河南人，早年以种田放牧为业。卜式有个弟弟，弟弟长大后，卜式便另立门户，分家产时，卜式只要了百余只羊，其它田宅家产全都给了弟弟。卜式到山中去放牧，十几年后增加到上千只羊，还置办了田宅。而弟弟却破产了。卜式就将自己的田宅分给弟弟。不久汉朝与匈奴打仗，卜式向汉武帝上书说愿拿出家财的一半来资助军费。汉武帝让使者问他："你想做官吗？"他回答说："自小牧羊，不懂得官场之事，不愿做官。"使者又问："莫非家中有什么冤情，想要上诉？"卜式答道："我平时与世无争，乐善好施，能有什么冤情呢？"使者再问："那么你究竟想干什么？"卜式朗声说道："天子讨伐匈奴，贤能的人应当为国捐躯，有钱的人应当慷慨解囊，这样才能够打败匈奴！"使者把卜式的话报告给汉武帝，汉武帝告诉了丞相公孙弘，公孙弘说："此人居心叵测，不可相信。"一年之后，当地闹饥荒，卜式拿出二十万钱给河南太守，以赈济穷人。汉武帝从河南太守呈报的捐钱者名单上看到卜式的名字，说道："这就是上次要拿出一半家财助边的人啊！"于是召拜卜式为中郎，赐爵左庶长，田十顷，并通告天下，号召富商大贾向卜式学习。后来卜式官运亨通，做到御史大夫，赐爵关内侯。

百贤图

74

负薪读书

西汉人朱买臣，吴县（今属江苏）人。早年家中贫穷，只知道读书，不会经营田产生意。为了维持生活，便到山上去打柴，靠卖柴渡日。在去卖柴的路上，他一手挑着柴担，一边读书。他的妻子担着柴跟在他后边，不时阻止他吟诵诗书，他却毫不理会，照样吟诵不止。妻子一气之下要离开他，他说："我五十岁时就要发迹，现在已经四十多岁了。等我富贵了，一定报答你。"妻子不听，离开他另嫁了一位农夫。汉武帝时朱买臣果然时来运转，做了会稽太守，乘坐传车来到吴县，看到前妻与她的丈夫在道旁迎官，便让人用车载着他们夫妇二人来到官舍，安顿他们住了一个多月。他的前妻感到很惭愧和后悔，不久便上吊自杀了。朱买臣后来做到丞相长史。

百贤图

76

守节不渝

　　苏武字子卿，西汉杜陵（今陕西西安东南）人。天汉元年（前100）奉命出使匈奴，被匈奴单于扣留。匈奴贵族诱逼他投降，他坚决不屈。匈奴人将他关在地牢中，不给饮食，苏武便喝雪水，吃羊皮充饥。后来匈奴人又让他到北海（今贝加尔湖）边牧羊，他饿了就捉野鼠吃。持着汉朝的旌节，日夜不离手，过了十九年，汉昭帝时与匈奴和亲，汉朝索要苏武，匈奴人谎称苏武已死。汉朝使节告诉匈奴单于说，汉天子在上林苑打猎，射下一只大雁，雁足上拴着一封帛书，上面写着苏武被囚禁在一个湖边。单于一听又惊又怕，赶紧谢罪，并承认苏武确实还活着。苏武这才得以回到汉朝，受到朝野人士的钦敬。

百贤图

下帷发愤

  西汉经学大师董仲舒,自幼立下远大志向,要在学问上有所建树。以后选定《春秋》一书作为主攻方向,潜心钻研,写出了《春秋繁露》等学术专著。有一段时间他一边教授弟子,一边研究经典,由于弟子很多,他就让入学早的弟子教来得迟的人。这样他就可以集中精力从事经学研究。他闭门发愤,三年中很少走出书斋,庭园里难得见到他的身影,以致于有些弟子从来没有见过老师。董仲舒有两句很著名的话:"仁者正其谊不谋其利,明其道不计其功。"意思是作为一个有志向的人,就应当把探求真理、彰明大义作为最高目标,不能患得患失,斤斤计较,不能急功近利,不能贪图眼前的功效而放弃自己长远的追求。

百贤图

带经而锄

西汉大臣兒宽,是千乘(今山东高青县北)人。少年时期喜好读书,在写文章方面很有天赋。由于家境贫困,他不得不去替别人干农活来养家糊口。为了不耽误读书学习,他在去田里锄草的时候,随身带着经书,干活累了,歇息的时候,他便翻开经书专心阅读。功夫不负有心人,通过日积月累,他的学问不断增长,在汉武帝时出任廷尉文学卒史,元鼎四年(公元前113)任左内史,在任期间大力兴办农业,兴修水利,很受朝野好评。后来任御史大夫,与司马迁共同制定"太初历"。在《汉书·艺文志》儒家部分录有他的《兒宽》九篇。

百贤图

卖剑买牛

龚遂是西汉时期的贤人，字少卿，南平阳人，举明经后被任命为昌邑王的郎中令。他性情刚毅，正直无私，经常援引经典中的义理对昌邑王进行劝谏，说到痛切处，常常是声泪俱下。汉宣帝初年，勃海郡一带盗贼四起，郡守束手无策。宣帝听说龚遂很有本事，就任命他为勃海太守，问他有什么办法能平定动乱。龚遂回答说：平定乱民就好比清理一团乱绳，只有从长计议，慢慢感化安抚，才能有效。宣帝认为他说的很有道理。龚遂到任后罢免了以武力追剿的官员，颁布文告，宣布说：凡是持有农具的都是良民百姓，凡是持有兵器的人一律按贼寇论处。不论以前做过什么事，只要从今以后放下武器，安心务农，便可既往不咎。这条公告一出，人们奔走相告，家里藏有刀剑的人，都纷纷卖掉刀剑，买回耕牛，勃海郡一下子变得清平安定。

百贤图

条陈故事

汉宣帝时的贤臣魏相平时喜欢阅读本朝的历史记载，特别留意以前的一些做法，以及大臣们的奏章。他认为古代的一些范例虽然很好，可是距今已经相当久远，实行起来很不方便。最好就是借鉴本朝以前的一些做法，往往能收到事半功倍的效果。因此，他特意整理出汉朝建立以来利国利民的政策法条、典章制度，一条一条上奏给皇帝，建议在全国推行。例如贾谊、晁错、董仲舒等三人都是有名的贤臣，其言论往往具有很大的借鉴价值。魏相便将他们的言论郑重地奏上，恳请朝廷参考实施。几年下来，他共奏陈先前的奏章和诏书二十三件，大多数都被采纳，收到了较好的社会效果。魏相也因其独树一帜的"条陈故事"的做法而闻名朝野。

百贤图

嘉奖勤学

汉哀帝刘欣在当皇帝之前,被封为定陶王,当时的他非常好学,善长写诗作文,又热中于研习法律条文。汉成帝元延四年(公元前9年),刘欣奉命入朝,带着王国的傅、相、中尉一同前往。当时,成帝的少弟中山孝王也奉命入朝,却只带着傅,而相与中尉都没有来。成帝就问定陶王刘欣为何要带那么多人齐来。定陶王回答说:"汉朝的法令上说的明白,诸侯王入朝,必须与王国二千石以上的官员一起来。傅、相和中尉都是年俸二千石的官员,所以我把他们都带来了。"汉成帝又让定陶王背诵《诗》,他全都对答如流,而且能讲出意思。第二天,成帝问中山王,只带着傅来朝是依据的哪条法令,中山王无言以对。汉成帝从此认定定陶王比中山王贤能,多次对他进行嘉奖,赐给他华贵的冠服,用隆重的礼节送他回到封国。

百贤图

暮夜四知

东汉人杨震，早年自甘淡泊，不求闻达，谢绝官府的招请，专心讲学。别人都认为他年岁已大，他却毫不松懈。有一天，一只冠雀衔着三条鱼飞过讲堂门前，别人拿着鱼对杨震说："先生从此要做大官了！"此时杨震已经五十岁了，不久就做了荆州刺史，以后又做到太尉。

杨震平生为官清廉，生活俭朴，不置家产。在他任荆州刺史时，曾举荐秀才王密任昌邑令。后来杨震路过昌邑，王密为表示感激之情，就在夜晚带着十斤金送给杨震，杨震说："我了解你的为人，可是你怎么不了解我的为人呢？"王密说："现在夜深人静，不会有人知道这件事的。"杨震严肃地说："不对！天知地知，你知我知，怎能说无人知道呢！"王密一听这话，满面羞惭，再也不敢多说，赶紧揣上礼金告辞而去。杨震"暮夜却金"的高尚品质受到后代的广泛传颂，成为古代廉洁奉公、洁身自好的典范。

百贤图

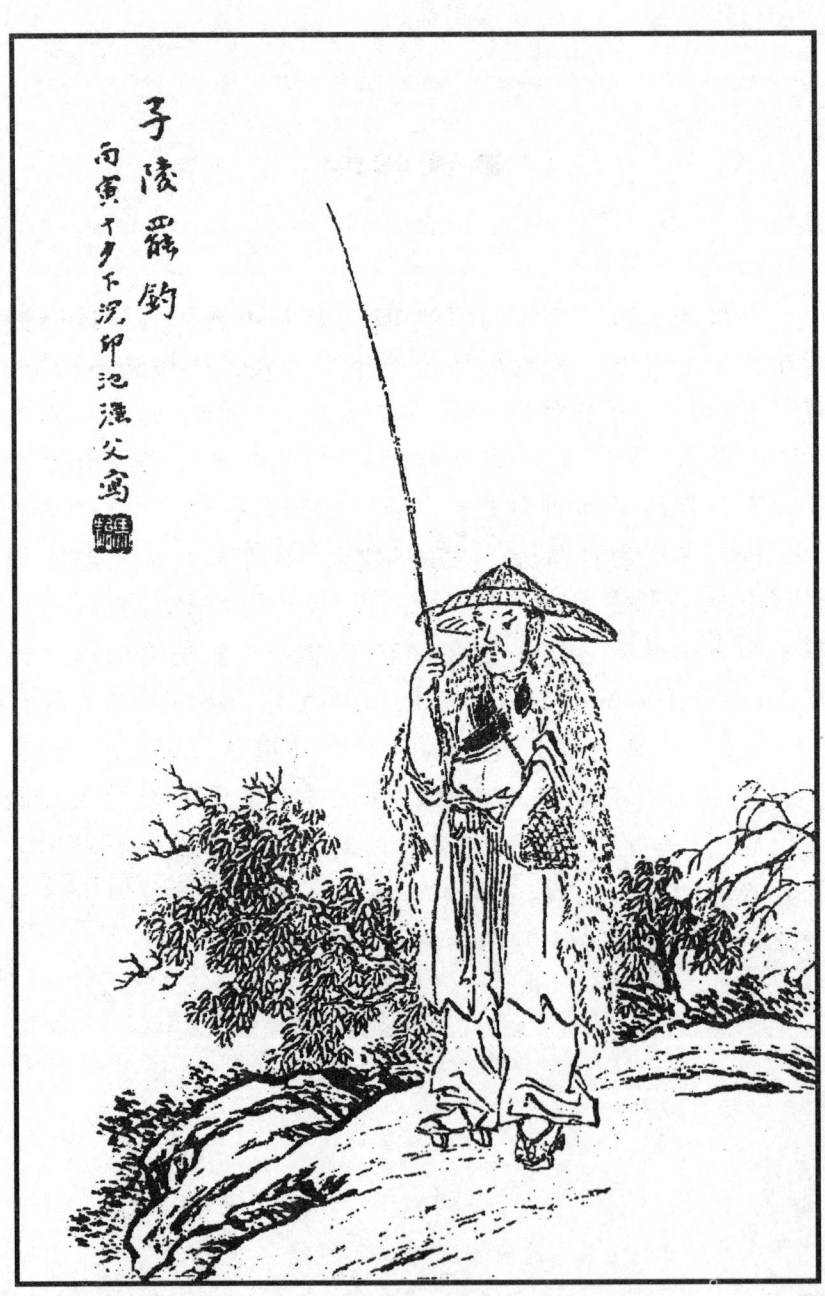

90

子陵罢钓

　　严光字子陵，又名遵，东汉初年会稽余姚人。少年时便很有名气，曾经与光武帝刘秀一起求学。光武即位后，严光隐姓埋名，避世独居。刘秀派人到处寻找。不久，齐国上报说有位男子，披着羊皮衣在湖边钓鱼。刘秀知道这一定是严光，便备好车驾，派使者前去迎请，往返了好几次，严光才勉强跟随使者来到京城，被安顿在长乐宫。刘秀让人准备上等的床帐衣被及膳食款待严光，并且在当天乘车来到严光的住处。严光听说皇上驾到，并不搭理，仍然傲慢地躺在床上。刘秀径直走进严光的卧室，摸着他的肚皮说道："子陵啊！你就不能辅佐我治理天下吗？"严光躺在那里一声不吭，过了很久，才慢慢睁开眼睛盯着刘秀说道："从前唐尧要让位，巢父就赶紧洗耳。你何必要逼我呢！"刘秀见话不投机，便叹息着登车离去。不久，刘秀又召严光入宫叙旧，一谈就是几天，到了夜晚，两个人睡在一起，严光把脚搁在刘秀的肚子上。第二天，官员奏报说夜观天文，看到一颗客星侵犯帝星，刘秀笑着说："不必担心，我与老朋友严子陵昨夜同榻而眠。"刘秀拜严光为谏议大夫，严光执意不从，回到富春山耕田为生，直到老死。

百贤图

韩康卖药

韩康字伯休，东汉霸陵人，早年起就绝意仕进，既不想做官，也不愿意出名。他信奉"大隐隐于市"的道理，在长安街市上卖药为生，过着平静的生活。这一卖就是三十多年。他有个习惯，卖药时说出的价钱，决不再更改，任买家再怎么费尽口舌，他就是不让步。有一天，有位女子到韩康这里来买药，韩康还像往常一样，毫不松口。那女子急了，生气地大声嚷道："你难道是韩伯休不成，口无二价！"韩康一听大吃一惊，他想不到自己因为这守价不移的习惯而在不知不觉间出了名，他叹息着说："我本来想逃避声名，现在倒好，连小女子都知道了，我卖药还有什么意思呢！"于是躲进霸陵山中，再也不露面。朝廷多次征召，他都加以拒绝。后来汉桓帝派人用华车前去接他，他无法拒绝，便让华车先行，他自己乘坐木板车前去赴命，走到半路上，他还是伺机逃走了，从此杳无音讯。

百贤图

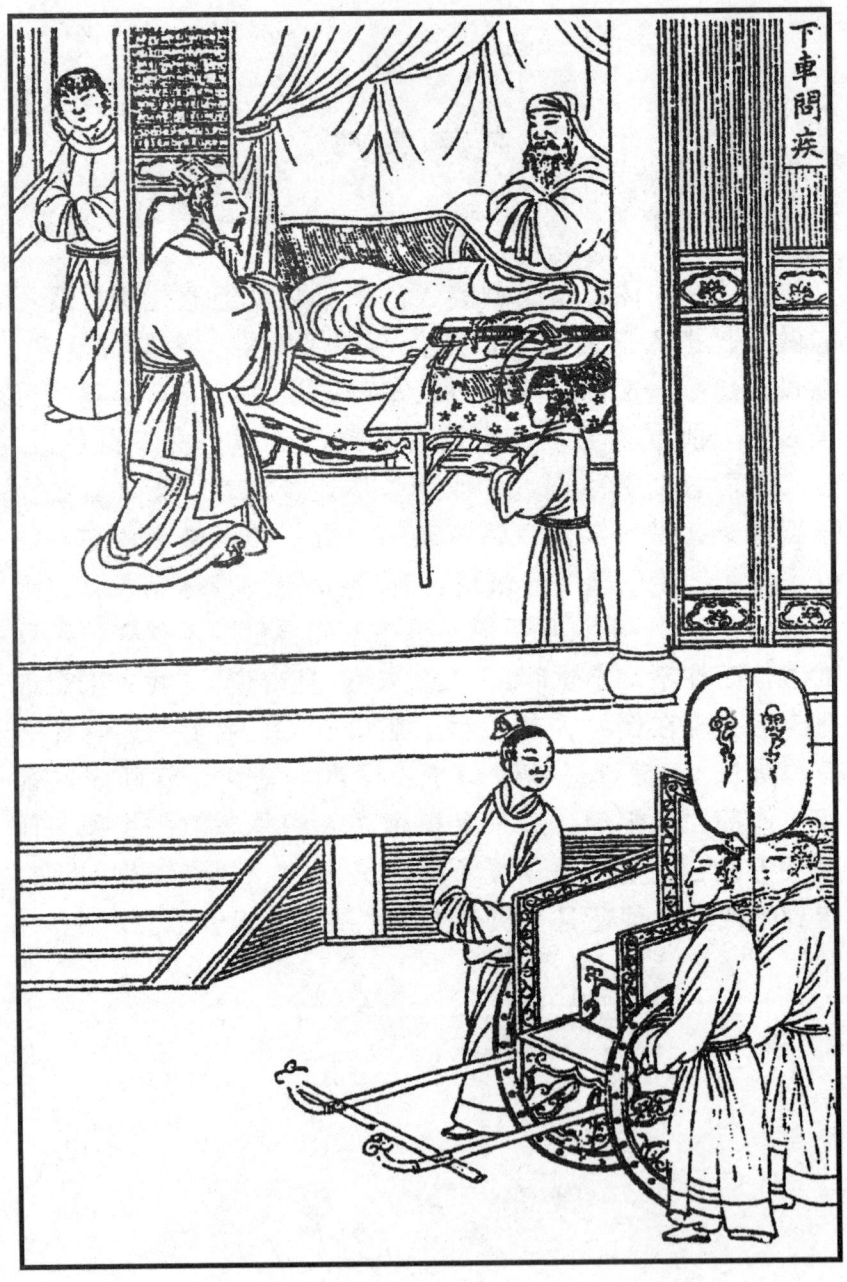

下车问疾

　　桓荣是东汉时的贤人,字春卿,沛郡龙亢人,少年时在长安,跟着博士朱普学习《欧阳尚书》,由于家境贫寒,经常帮别人做事来养活自己,他毫不气馁,十五年不曾回家。汉光武帝刘秀即位后,广招天下贤士,桓荣已六十多岁,被征召到大司徒府。不久又被选拔为议郎,入宫教太子学习《尚书》,光武帝十分赏识桓荣,经常让他留宿在太子宫中,过了五年,桓荣推荐弟子代替自己担任侍讲,这才被允许出宫,可是每天早晨必须进宫一次。后来光武帝又任命桓荣为太子少傅,赐给车马。桓荣召集门生,当场陈列皇上赏赐的车马及印绶,说:"今天得到的荣耀,都是钻研古籍的结果啊!你们能不努力吗?"两年后桓荣被任命为太常,显耀异常。当初桓荣曾与族人桓元卿一起忍饥受饿,桓元卿见桓荣孜孜读书,讥笑说桓荣是白费力气。等到桓荣做了太常,桓元卿叹息说:"我是农家子弟,怎能想到读书有这么大的好处呢!"太子即位后,对桓荣更加礼敬,桓荣身患重病,明帝亲自到他府中探视,进入街口时就下车步行,手中拿着经书走到桓荣床前,流着泪安慰桓荣,赏赐大量的衣被、床帐、刀剑等物,呆了很长时间才依依不舍地离去。从此以后,那些朝中的文武大臣前去探视的,都不敢坐车到府门前,而是步行到床榻前行跪拜礼,毕恭毕敬。

百贤图

遣使质疑

　　包咸是东汉会稽人,字子良。少年时为诸生,在长安求学,拜博士右师细君为师,专门攻读研究《鲁诗》、《论语》。王莽末年,他见天下动荡不安,就离开长安回归家乡,不料在东海郡(治所在今山东郯城北)辖境内被赤眉军拘禁。包咸毫不害怕,一连十几天只管诵读经书,就像什么事也没有发生一样。赤眉军感到很惊奇,便将他放了。他干脆也不走了,就居住在东海,兴办学舍为当地人讲学。光武帝刘秀即位后,包咸回到家乡,太守久闻他的名声,请他到府中教授自己的儿子。包咸说:"按照礼节只有学生上门求学的,没有老师上门施教的道理。"太守只好让儿子前往包咸家中求教。不久包咸被举为孝廉,做了郎中,建武年间又到京师为皇太子讲授《论语》,受到好评,官位不断升高,汉明帝即位后,拜他为大鸿胪。每次进见,不用通报。明帝在学习经传时有所疑问,就派宫中小黄门到他的住处请求解答。明帝鉴于包咸是自己的师傅,平素又很清贫,就特意赏赐大量珍玩绢帛,又为他增加俸禄,包咸把这些钱物都散发给那些贫困的读书人。

百贤图

爱惜郎官

汉明帝是一位比较开明而且律己甚严的皇帝,他能够时时注意体察民情,关心民众疾苦,尽量减轻百姓负担。每到发生水旱灾害时,他就下罪己诏,深刻反省自己的失误之处,清理冤狱,赈济贫民。在治理国家方面他十分注重整肃吏治,革除弊端,重大政治制度基本上都沿袭光武帝刘秀时的旧制。例如刘秀当初为了革除前代权臣当道、外戚把持朝政的积弊,曾立下一条规矩,就是后宫之家不得封侯参与朝政。汉明帝把这条规定奉为金科玉律,丝毫不敢违背。有一次,他的姐姐馆陶公主想为自己的儿子谋得一个郎官的职位,去向汉明帝求情。汉明帝当即予以回绝。为了照顾姐姐的面子,他赐钱千万作为补偿。在朝堂之上,汉明帝道出了他回绝馆陶公主的原因,他说:"郎官的职位虽然不高,可是却与天上的星宿相互对应,派到地方上去任职则要管理方圆百里的百姓。如果用了不合适的人选,老百姓就要深受其害了,因此我舍不得将此职位轻易送人!"

百贤图

神气不异

　　东汉大臣刘宽，字文饶，华阴人。汉桓帝时任南阳太守，为人性情温仁多恕，与人为善。哪怕发生了十万火急的事情，也不见他急躁发火。平时神色安详平和，喜怒不形于色。他的夫人存心要试探一下他究竟有多大器量，有一天刘宽要去上早朝，朝服穿得整整齐齐，夫人让一位婢女端着一碗汤拿给他喝，假装脚下一滑，碗里的汤一下子洒在朝服上。令人惊奇的是，刘宽丝毫没有露出生气的神色，只是平静地问婢女："烫着手没有？"令在场的人大为叹服。

　　刘宽在家中如此，在外做官，对待属下吏民更是呵护有加。吏民犯了过失，他只是用蒲草做的鞭子象征性责打几下，以示惩罚而已，决不动用重刑。吏民都很感激他的恩德，大家都不愿去触犯律令法条。刘宽的名气越来越大，灵帝时做到太尉，这与他的涵养不无关系。

百贤图

表正乡闾

东汉人陈寔，字仲弓，早年曾做过县吏，勤奋好学，县令邓邵认为他很不一般，便举荐他到太学深造，后来做过太丘县令、大将军府吏等，因党锢之祸而辞官归乡。他生性淡泊宽仁，为人仗义敢言，深得乡里拥戴。人们有了争讼，都找他评判是非曲直，以至于流传着这样的说法："宁愿刑罚加身，莫让陈君指摘。"可见人们对他是多么的敬畏。

有一次，有个盗贼潜入陈寔家中，藏在房梁上。陈寔不动声色地对家里人说："人不能不自重，那些坏人未必天生就是坏人，只不过是对自己过于放纵，天长日久养成了坏习气罢了。梁上的那个人就是如此！"盗贼一听这话，吓得从梁上掉了下来，跪在地上求饶。陈寔说道："看你的样子不像是坏人，应当赶快弃恶从善，重新做人才对。"还给此人赠送了两匹丝绢。这个人十分感动，发誓一定改邪归正。从此县境内道不拾遗，夜不闭户，盗贼们都销声匿迹。

百贤图

一钱太守

刘宠字祖荣，东汉牟平人。以明经举为孝廉，不久升任会稽太守。当时会稽百姓深受官吏盘剥之苦，生活十分穷困。刘宠到任后，大刀阔斧地采取一系列顺应民心的改革措施，废除了繁重杂乱的赋税，收到了明显的效果，使当地呈现出"犬不夜吠，民不见吏"的太平景象。刘宠由于政绩卓著，被朝廷擢升为将作大匠。当地百姓舍不得让他离开，到离任那一天，山阴县的五六位白发老人各带一百文钱，从很远的山里赶来送给刘宠。刘宠很受感动，他向几位老人各收了一文钱算是领情。

与刘宠的事迹可以媲美的是：隋朝的赵轨也是以清廉闻名，隋文帝时任齐州别驾，显示出卓越的才能，深得百姓的爱戴。四年任期满后，考核为最优等，被征调入朝为官。临行时，当地父老知道他不会接受任何贵重的物品，就以杯水相送，含着热泪对他说："别驾的廉洁像水一样清澈，就请饮下这杯清水作为饯别吧！"

百贤图

托物喻政

庞参是东汉缑氏人,字仲达,举孝廉,拜左校令,坐法输作若卢。永初中邓骘讨伐叛羌,樊准推荐庞参,汉安帝时拜为汉阳太守,广布仁德,对民众遍施恩义,宽仁亲民,深得人心,做到太尉。在庞参任太守期间,汉阳有位隐士叫做任棠,品行高尚,庞参知道后,就亲自前去拜访,主要目的是想听听他对政局的看法,看看其中有哪些足以借鉴。任棠看见庞参,怀中抱着小儿,立在自家门口,面前放着一木盆水,手里提着一株刚刚拔出的大根薤献给庞参,口中一言不发。庞参心领神会,说道:"放一盆水,是希望我为官清廉;拔大根薤,是要我打击地方豪强势力;抱着小孩站在门口,显然是建议我打开官仓,赈恤孤寡之人。"

百贤图

礼聘遗贤

樊英字季齐，南阳人，不愿意做官，隐居在壶山教授学生，名气越来越大，各地的人们纷纷前去向他求教。樊英不但学问高深，据说还精通异术。有一次他正在给弟子们讲学，看到西方刮起一阵暴风，他就对弟子说道："成都闹市区发生了火灾！"说着就含了一口水向西方喷去。后来听来自成都的人说，那天成都闹市区确实发生了火灾，火光冲天，忽然见到一团黑云从东方飘来，接着就下起大雨，将大火浇灭了。

汉顺帝听到了樊英的名声，很是仰慕，便派人带着书信和上等的丝绢，前往壶山邀请樊英。樊英到了之后，汉顺帝赶紧从寝殿出来迎接，让樊英坐在上席，拿出几杖等物赐给樊英，拜其为师，向他请教安邦治国的良策。

这件事很快传了出去，那些隐居林泉的士人大受鼓舞，他们人人跃跃欲试，期待着汉朝天子的召唤。

百贤图

师事名贤

　　东汉人郭泰,字林宗。精通儒家经典,在家中教授弟子,学生有数千人。曾游历洛阳,与河南尹李膺一见如故,从此誉满京城。后来他回归乡里,读书人纷纷前去送别,沿途竟然有上千辆车子。郭泰只与李膺同船渡河,众来宾远远望着郭泰远去的身影,仿佛看到了神仙。
　　还有一件事最能说明读书人对郭泰的仰慕之情。有一次,郭泰到太学中讲学,有位童生魏照,非要拜郭泰为师,并且表示愿意替郭泰干洒水扫地的杂活。郭泰认为这样不合适,就说:"你年纪轻轻,正应当努力钻研经典,哪能整天跟着我呢?"魏照回答说:"寻找一位传授经典的老师十分容易,而要遇到一位在各方面都堪称楷模的贤人,却非常困难。我之所以要与您朝夕相伴,就是想要学习您的高尚人格,好比是用洁白的丝线,听凭您来浸染。"

百贤图

112

离任留犊

　　东汉时的贤人时苗,字德胄,钜鹿人,自幼便清白守正,从不贪占他人的便宜。建安年间,他因德行出众而被举荐做官,在丞相府任职,更加注重廉洁,深受同僚的称道。后来他被派往寿春任县令。赴任时不搞任何排场,只是乘坐着一辆黄牛拉着的旧板车。任职期间,他廉洁奉公,政事从简,生怕给当地老百姓增加负担,受到地方士民的赞誉。一年多以后,他原先带来的那头黄牛生下一只牛犊。时苗很高兴,吩咐手下的人好好照料这只牛犊。牛犊一天天长大,毛色光亮,十分逗人喜爱。就在这时,时苗忽然接到上司的调令,要到别处去做官。临行那天,他仍然用来时乘坐的牛车拉行囊,行囊中也就是些随身的衣物和日常用具,没有什么贵重的东西。衙门中人忽然想起那只牛犊,就要去牵。时苗拦住他们说:"不用牵了,我来的时候本来没有这只牛犊,走的时候也就不能将它带走。就把它留给你们吧。"人们听他这么说,都深受感动。从此时苗清廉的名声就传了开来。时苗后来一再升迁,做到典农中郎将。

百贤图

教子读书

　　三国时蜀汉昭烈帝刘备在病重之际,把儿子刘禅托付给诸葛亮,并谆谆告诫刘禅说:"人生活过五十岁就不算是夭折了,我现在已经六十多岁了,还有什么可遗憾的呢?心中并不感到哀伤,只是放心不下你们兄弟几个。努力啊!努力啊!不要因为坏事很小就去做,不要因为好事太小就不屑去做。只要自家贤良且德行高尚,就能使别人心悦诚服。你父亲德行浅薄,希望你不要效仿。平时可以多读《汉书》、《礼记》;如果有空闲,也可以看看先秦诸子的著作,以及《六韬》、《商君书》等。这些书对开阔眼界、增长智慧大有好处。听说丞相为你写了《申子》、《韩非子》、《管子》、《六韬》等,已抄写完毕,还没来得及送来,在路上就遗失了,你可以自己再去索要。"

百贤图

伤指自悲

范宣是晋代陈留人,字宣子,早年便厌弃仕进之道,喜好隐居生活。终日以读书诵经为乐,博览群籍,尤其精通"三礼"(《礼记》、《周礼》、《仪礼》)。

范宣八岁时,有一天在后园中挑菜,不小心弄破了手指,嚎啕大哭起来。别人发现伤势并不严重,只是划破了表皮,便有些诧异地问他:"你哭得这么伤心,难道很疼吗?"他回答说:"我并不是因为疼痛而哭,《孝经》上说,身体发肤,受之父母,不敢毁伤,孝之始也。我现在伤了手指,便是伤了父母遗体,不孝的罪名难以洗脱,所以十分难过。"

古人教子历来有"师保"之说,据《尚书·太甲》记载,师就是教导,保就是保养身体,二者不可偏废。有意思的是,保身并不全是为了孩子自身,更重要的是为了不让父母忧心,为了尽孝。在《论语》中记载,孟武伯问孝道时,孔子说,父母只为儿子的疾病担忧。所以损伤身体就是对父母的不孝,自爱其身,才能使父母安心。

百贤图

映雪读书

晋朝人孙康,早年聪敏好学,酷爱读书,白天勤奋学习,夜晚手不释卷。可是他家里贫穷,买不起油来点灯,眼看着夜晚的时光白白溜走,孙康心里十分着急。冬天到了,北风呼啸,千里黄云,雪花纷纷降下,大地一片银白,夜幕降临之后,雪的光亮透过窗户映照得屋子里亮堂了许多,孙康灵机一动,拿出书本来到窗下,借着雪的亮光读了起来。由于他多年不懈努力,终于成为一个知识渊博的人,以后做了御史大夫。

与孙康类似,历史上还有不少人也都为了利用夜晚时间读书,想出了各种办法。与孙康同朝代的车胤,没有在冬天映雪读书,而是在炎热的夏夜捉来许多萤火虫,借着萤火虫发出的微弱光亮读书。东汉人任未、南北朝时人江泌、陆游的祖父陆佃,早年都曾借着星星和月亮的光亮读书学习。汉代大臣匡衡早年家贫,就在墙上凿了个小洞,借着邻居家的烛光读书。汉代人郭琼、侯瑾、南北朝时人范汪、唐代大臣毕诚、南宋大臣汪应辰等,都曾燃烧薪柴照明读书。南朝齐大臣顾欢在夜晚点燃秕糠照明读书。唐朝人苏𨱛小时候借着灶膛里的火光勤奋读书。元朝末年的王冕坐在寺庙里大佛的腿上,在佛前供奉的长明灯下孜孜苦读。

百贤图

运甓习劳

陶侃字士行，东晋浔阳人。早年孤贫，做过县吏，因功升为荆州刺史，受到权臣王敦排挤，改任广州刺史。在此期间，各地战乱不断，广东因为位置偏僻，相对平静一些。陶侃每天没有多少公务，便自己给自己找事做。每天早晨，他将一百块砖搬运到屋子外边，晚上再一块一块搬到屋子里边。别人觉得好奇，就询问其中原由。陶侃回答说："我的志向是为朝廷恢复中原，平定天下。现在广州无事，我如果一味安逸享乐，时间长了，筋力就会衰退，一旦到了出兵征战的时候，肯定不能适应，因此我才想出这个办法，进行自我锻炼。"

后来苏峻叛乱，建康失守，温峤推举陶侃为盟主，击杀苏峻，封为长沙郡公，都督八州军事，为东晋政权的巩固立下了汗马功劳。

百贤图

羲之饲鹅

王羲之是东晋著名书法家,他有一个爱好,就是十分喜欢鹅,有一次,他听说会稽郡有位孤单的老妇家里养着一只白鹅,叫声清亮动人,便派人前去,提出愿以高价买下这只鹅,不料老妇人与鹅相依为命,说什么也不肯出卖。王羲之在府中等得焦急,便亲自到老妇家中观赏。老妇人听说大名鼎鼎的王羲之大驾光临,有心好好款待一番,思来想去,便忍痛宰杀了那只白鹅。王羲之听说白鹅已死,顿足叹息,饭也不吃就打道回府了。不久,王羲之又听人说山阴地方的一座寺庙里,道士养着许多好鹅,便兴致勃勃地前去察看,发现这些鹅果然不同一般,个个仪态万方,丰姿动人,而且叫声悦耳。王羲之当即提出要买几只鹅带回去,道士一口回绝了。王羲之再三请求,道士这才笑着说道:"久闻先生大名,如果肯为我等书写一篇《黄庭经》,这些鹅就全送给您了。"王羲之一听二话不说,当即就铺纸研墨,挥毫疾书,不大工夫就写完了。然后让随从取来木笼,把鹅小心翼翼地装进笼中,高高兴兴地回去了。

百贤图

不卖的卢

庾亮是东晋大臣，字元规。历仕元帝、明帝、成帝三朝。他有一匹的卢马，按照相马经上说，马额头有白毛，一直连到马口内，就叫做"的卢"。做奴仆的人如果乘骑这种马，就会客死异乡。主人骑乘这种马，就会遭受当街处死的刑罚。别人劝庾亮说："这是一匹凶马，还是赶紧卖掉吧！"庾亮回答说："我要是卖这匹马，肯定有人来买。可是我都害怕它会带来灾祸，卖给他人，必定会把灾祸转移到他人身上。嫁祸于人的事，仁人是不会去做的。再说把这匹马留下，也不一定会大难临头。春秋时楚国孙叔敖小时候出外，在路上看到一条两头蛇，便将其杀死后埋掉。回到家后放声大哭，母亲问其原由，孙叔敖说，听说看见两头蛇的人必定会死去，我今天看见了两头蛇，所以哭泣。母亲问蛇在哪里，孙叔敖说他怕别人再看见，所以就将蛇杀死并掩埋了。母亲安慰孙叔敖说，有阴德的人必定会得到阳间的报应。你不会有事的。后来孙叔敖果然做了楚国的令尹，多年享受丰厚的俸禄。我决心效仿孙叔敖！"庾亮后来果然也身居高位，多年执掌东晋大权。

百贤图

渊明爱菊

陶渊明是东晋时的贤人，浔阳柴桑（今江西九江西南）人，曾祖父陶侃是东晋开国元勋。陶渊明 29 岁就开始做官，40 岁时才做到彭泽县令。他为官清正，关心民众疾苦，深得百姓爱戴。有一天，九江太守派督邮来彭泽巡视，这位督邮靠逢迎拍马起家，一路上耀武扬威。陶渊明作为县令，尽管心里不情愿，但按照惯例应该前去拜见。正要动身时，身边小吏提醒他要穿戴整齐，陶渊明一下子改变了主意，他叹息说："我岂能为了五斗米的俸禄，去对那鄙俗之人折腰献媚！"当即辞去官职，与妻子回到乡间居住。

陶渊明十分喜爱菊花，他家房前屋后种满了菊花，每到九月，各色各样的菊花争奇斗艳，傲霜盛开，令陶渊明心旷神怡，深深地陶醉了。他爱菊、欣赏菊、赞美菊之高洁，实际上是在抒发自己厌弃名利场的喧嚣、安贫乐道、淡泊宁静、洁身自好的情志。他就是这样多年过着"采菊东篱下，悠然见南山"的隐居生活，拒绝了各种封官许愿，最后在贫病交加中辞别人世。

百贤图

饮泉不贪

晋朝人吴隐之,字处默,早年博览群书,文史兼通。对母亲十分孝敬,深得乡邻称道。先后做过晋陵太守、广州刺史等,以清廉贤能著称。在做广州刺史时,在广州城外三十里处有个地方叫石门,这里有一处水泉名叫"贪泉",当地人传说人一旦饮了贪泉的水,就会变得贪婪。吴隐之刚刚上任不久,听到这件事后,就专门取来贪泉水一饮而尽,并即兴赋诗一首:"古人云此水,一饮怀千金。假使夷齐饮,终当不易心!"表达了他不信邪、清廉为官的决心。后来在广州刺史任上的数年间,他果然说到做到,一身正气,两袖清风,保持了高尚的节操,在历史上传为佳话。

由此可见,一个人能否做到清廉,并不在于外部环境如何,最关键的还在于自己要从严要求,要不断加强自身的修养,克制私欲。作为封建时代的官员,吴隐之尚且能够饮泉明志,身体力行并且卓有成效,给后代人们留下了有益的启示。

百贤图

闻鸡起舞

　　东晋名将祖逖字士稚,范阳遒县(今河北涞水北)人。西晋末年率亲党数百家南移。起初与刘琨同为司州主簿,两个人曾睡在一张床上,半夜时分,忽然听到一阵鸡鸣,祖逖被惊醒后,就用脚蹬刘琨醒来,并说:"这种声音并不令人讨厌!"于是起床开始舞剑。晋元帝征祖逖为豫州刺史,率军渡江北伐,船行到江中间时,他击打着船桨,发誓说:"如果不能收复中原而返回,就宁愿投江而死!"此后他便带兵与石勒相对峙,不久打败了石勒,收复了黄河以南地区。此时,匈奴刘曜和羯族石勒互相攻战,形势对晋军极为有利,可是东晋内部王敦等人却互不信任。祖逖的北伐得不到强有力的支持,难以为继,终于半途而废。祖逖忧愤交加,发病而逝。豫州的老百姓就像失去了父母,悲痛欲绝。

百贤图

藏火燃灯

南北朝时的祖莹,八岁就能读《诗经》、《尚书》等,经常读到深夜。父母亲怕他累坏身子,就不许他熬夜,每天逼着他早早上床睡觉。他等父母睡熟之后,悄悄点亮灯火读书。为了不被发觉,他还用衣被遮挡住窗户。通过不断努力,他的学识越来越渊博,名气越来越大。有一次中书博士张天龙聘请他主讲《尚书》,学生都到齐了,祖莹由于夜里读书过于疲倦,起得迟了。别人来催,他匆忙中误拿了同室人的《曲礼》讲稿来到讲堂。等到发现错拿,因博士为人严厉,又不敢返回去另取,只好硬着头皮,面前摆着《曲礼》,口中讲诵《尚书》,居然一字不差。讲完之后,同室之人感到惊奇,就向博士道破实情,整个学堂都为之震惊。

百贤图

学忘驱雀

南朝齐时人顾欢字景怡，吴郡盐官人。少年时聪颖好学，很有文学天赋。在他六七岁时，有一次父亲怕麻雀糟踏庄稼，就让他到地里驱赶鸟雀。顾欢到了地头，忽然来了兴致，便开始构思文章，把驱雀的事抛到了九霄云外。他苦思冥想，终于写成一篇《黄雀赋》，高高兴兴地回去了。父亲到田间一看，鸟雀将庄稼吃了许多，大为生气，准备狠狠地教训他一顿，可是一看到他写的文章，马上怒气全消。乡里有一所学舍，顾欢家中贫穷，上不起学，他就靠在学校的墙壁后旁听，把老师所讲的内容全都记在心中。八岁时，就能够背诵《孝经》、《诗经》和《论语》。成年以后，顾欢更加好学，母亲年迈不能劳作，他就一边耕作一边读书。到了晚上，点燃秕糠照明读书。

百贤图

观获进规

范云是南朝时人，字彦龙，为人机警有胆识，又善于写文章，下笔如有神。南朝齐时任尚书殿中郎。有一次与齐武帝文惠太子到东田观看农夫收获稻谷。文惠对范云说："看来收割稻谷倒是一件十分轻松愉快的事。"范云回答说："庄稼从种植到收获却是十分艰难的，要经历三个季节的辛劳，耕地、除草，哪一样都不容易。殿下应当体察天下农夫稼穑的艰难，不要只图一时的安逸快乐！"文惠太子马上改变了神色，称赞范云说得有理。等到观获结束，一行人离开时，侍中萧缅在车子旁边握着范云的手说："想不到今天又见到了忠直敢谏的贤臣！"

百贤图

投签警寐

南北朝时期，南朝陈武帝陈霸先的侄子名叫陈蒨，曾做过几年陈朝的皇帝，死后被谥为陈文帝。陈文帝早年命运坎坷，经历过许多苦难，陈霸先代梁自立、登上帝位之后，他被立为临川郡王，后来便做了陈朝皇帝。他在位的时间很短，只有七年，在历史上算不上是个有多大作为的皇帝，可是由于他特殊的经历，使得他深知创业的艰难和守成的不易。他在位期间，勤于政事，丝毫不敢松懈。平时他十分重视对臣下的考察，分辨贤愚忠奸，量才使用。白天忙完政事之后，到了夜晚他还要批阅公文奏章。夜里按照规定宫门都要关闭，他就让近侍从大门的缝隙中出入，及时将外面的奏报公文送给他批阅，经常通宵达旦。宫中专门负责报晓的人叫做鸡人，陈文帝怕自己早晨睡得太死，就吩咐鸡人在传递报时的更签时，将竹签重重地投掷在青石台阶上，发出响亮的声音。他解释说："即使我在熟睡，也会被这清脆的声响惊醒的。"

百贤图

挂角攻书

　　隋代人李密因为祖上的荫庇到隋炀帝宫中做侍卫。隋炀帝看见后，问大臣宇文述说："左边仪仗下那个黑色小儿是谁？"宇文述回答说："是蒲山公李宽的儿子李密。"隋炀帝说："这小子四顾张望的神色不同一般，不能让他做卫士。"第二天，宇文述对李密说："你出身显贵，应当凭才学扬名，何必要做卫士呢？"李密听了很高兴，就借口有病离开了宫廷。从此发愤读书。他听说精通《史记》和《汉书》的国子助教包恺在缑山（今河南偃师东南），就准备前去拜他为师。他坐在牛背上，牛角上挂着《汉书》，一边走一边读书。越国公杨素正好碰见，就勒紧马缰慢慢地跟在他的后面，问道："谁家书生这么勤奋呢？"李密回头一看，认得是越国公，连忙下拜行礼。杨素问李密读到哪里了，李密回答是《项羽传》。杨素便与李密交谈，对他的才学感到十分惊异。

百贤图

弓矢喻政

　　唐太宗有一次对大臣萧瑀说："我自少年时就喜好弓箭，自认为对弓箭很熟悉。最近得到十几副良弓，拿给制作弓箭的工匠看，工匠说，用的材料不好，木材的核心不在正中，纹路大多数都是斜的。弓尽管很有劲，可是射出去的箭会发生偏斜，准性不好。我由此悟出一个道理，我是靠着弓箭平定天下的，使用弓箭的经历十分丰富。得到江山的时间很短，所懂得的治理天下的道理，本来就不如对弓箭的了解那么多。既然对弓箭还没有完全了解，那么对于治理天下就更知之不多了。"从此下令京官五品以上的，每夜轮流集中在中书省，随时召见，让他们坐下来说话，向他们询问各地的情况，了解民间的疾苦，以及朝廷各项政策法令的得失利弊。

百贤图

开馆亲贤

唐太宗李世民即位不久，就在正殿旁开设弘文馆，收集经史子集四部书籍二十多万卷，挑选天下贤士虞世南、褚亮、姚思廉、欧阳询、蔡允恭、萧德言等人，保留其原有官职，同时兼任弘文馆学士，轮流在宫中值班。每天退朝之后，太宗便把这些人请入内殿，与他们讨论经典中所讲的道理，评议古人的言论和事迹，总结历史的经验教训，探讨治国安邦的奇谋良策，有时到半夜才散去。太宗为了网罗更多的儒学人才，特意在贞观二年下诏大收天下儒士，赐给绢帛，并用驿车接到京城，按照其文才择优录用。学者只要精通一部大经，就可以授予官职。为了满足需求，国学增建学舍四百余间，国子、太学、四门、广文也增置生员。太宗多次亲临国学视察，让祭酒、司业、博士讲解经书，事后给每人都有所赏赐。

百贤图

146

习射殿廷

　　唐太宗有一次把京城中的宿卫将士召集在一起，对他们说，夷狄出兵侵扰中原，这是古已有之的一种患害，并不值得过分担忧。最令人担心的是，边境多年平安无事的时候，做君王的认为自己治理有方，便一心贪图安逸游乐，忘记了国家的防务，丝毫不作打仗御敌的准备。一旦外敌突然入侵，必然会惊慌失措，根本无法招架。我现在不让你们去开凿池塘、修建园林，只让你们练习拉弓射箭。我自己一有空闲，也可以与你们一起操练，为你们做些指点。如果突厥人前来入侵，我就带领你们去征战，做你们的主将。这样一来，就可以做到有备无患，使大唐朝的百姓可以安居乐业。

　　从此以后，唐太宗每天领着几百名卫士，在殿廷上教习射箭，并亲自观看他们比赛，箭法精准、命中率高的人，马上可以得到弓箭、刀剑、绢帛等赏赐，并对他们的长官进行嘉奖。这些卫士们的积极性一下子调动起来了，人人奋勇，个个争先，技艺提高得很快。不出几年，这些卫士都成为武艺娴熟的精锐战士。

百贤图

崇师问道

王珪是唐初的一位贤臣，饱读诗书，为人沉静淡泊，从不随便与他人结交。最先跟随太子建成，李世民即位后召他做谏议大夫，从此忠心辅政，官至礼部尚书。他自己生活俭朴，对家族亲邻却处处关照，深得朝野好评。太宗特意让他做魏王泰的老师，要求李泰见到王珪要行师礼。有一天，李泰问王珪："怎样做就算忠孝？"王珪回答说："当今圣上是你的国君，你要对他忠心；当今圣上又是你的父亲，你要对他孝顺。这样就可以在世上建功立业。"李泰又问："关于忠孝的道理我明白了，那么平时应当怎样做呢？"王珪回答说："汉光武帝刘秀的第八个儿子东平王刘苍，当别人问他干什么最快乐时，他说做善事最快乐。我希望你记住这句话。"唐太宗听说了这件事，十分高兴地说："我儿子不会犯过失了！"

百贤图

上书减膳

唐高宗乾封初年，孝敬太子李弘居住在东宫，深居简出，不与臣僚们接近。掌管膳食的典膳丞邢文伟就命人削减了太子的膳食，并且向太子上书说："我记得《大戴礼记》上说，太子加冠成人以后，就可以不再受保傅的严厉管教，可是却必须有史官来监督他的言行，有了过失就要如实记录；有宰臣管理他的膳食，有了过失就要限制他的膳食。如果有了过失不记录、不减膳就是失职。皇上挑选良臣辅佐殿下，目的就是要提高殿下的道德修养。最近殿下不见臣僚，除了三次朝见圣上之外，只与东宫女眷相处，这样下去怎么能够增长聪明才智、达到贤明睿哲的境界呢？现在史官既然不在，作为膳宰，我就要通过减膳来对您进行劝诫，我之所以敢冒着死罪的风险减掉您的膳食，实在是在按照《礼经》办事啊！"孝敬太子看了这道书奏，认为句句在理，便欣然提笔给邢文伟写了一封回书，表示要闻过即改。

不久，朝廷里右史一职空缺，唐高宗对近臣说："我儿子读书偷懒，邢文伟就不给他吃肉，真是个忠诚正直的人啊！"于是破格将邢文伟提拔为右史。

百贤图

宦中消息

唐朝大臣崔玄暐是博陵人，少时就以品行端正而闻名，武则天长安年间任天官侍郎，为官清正，不徇私情，深得朝臣敬重。他之所以能够做到为政清廉，与他的母亲卢氏有很大关系。他母亲卢氏平时十分重视对他的规劝和教诲，曾经向他讲述过当时的屯田郎中辛元驭的一段名言。辛元驭说，如果儿子在远方做官，有人带来消息说，儿子的生活十分贫困，已经难以维持生计了，这是大好消息；如果有人来说，儿子家财万贯，富可敌国，这是最坏的消息。崔玄暐的母亲还告诫儿子说，我经常看到有的人做了大官，就送钱物给父母，父母亲只知道高兴，却不问这些钱物是怎么得来的。如果是从俸禄中节余下来的，确实是好事；可是如果是通过不正当的途径得来的，那么就与盗贼没有两样了！崔玄暐牢牢记住了母亲的教诲，从来不敢贪取不义之财，成为青史留名的廉吏。

百贤图

盛德包容

　　唐代大臣娄师德字宗仁，郑州原武（今河南原阳）人。进士出身，上元初任监察御史，因功升为殿中侍御史，兼河源军司马。与吐蕃作战，屡战屡胜，武则天时升任宰相，主持军国大政，多年负责屯田积谷、戍边御敌之事，勤恳恭谨，忠于职守。特别值得称道的是他为人宽洪大量，能够忍辱负重，顾全大局。他的弟弟将要出任代州刺史，临行前，师德问道："你现在荣宠无比，会引起别人嫉妒，准备怎样保全自己呢？"弟弟回答说："从今以后，就算别人把唾沫吐在我脸上，我也不生气，自己擦掉就是了。"师德说："这样还是会触怒对方，还是任其自干的好！"

　　娄师德与狄仁杰同朝为相，狄仁杰经常在武后面前说师德的不是，武后说："你今天能当宰相，全是因为娄师德举荐的结果啊！"狄仁杰听了十分惭愧，私下慨叹道："娄公真是道行高深的人，我已经被他包容很长时间了！"

百贤图

156

饮马投钱

在中国历史上,有不少廉洁自律的范例,在民间广为流传。这些廉洁之士的行为看起来有些过分,实际上却具有矫枉过正的历史意义。如唐代开元初年,宰相卢怀慎生病在家,朝臣们去看望他时,只见他家四面围墙低矮,床上铺着破旧的竹席,门上没有帘子。给客人准备的饭菜也十分简单,只有两碗蒸豆和青菜。身为当朝宰相,节俭廉洁到如此地步,实在令人惊叹。

其实,最能体现廉洁自好、不苟求取精神的应当算是"饮马投钱"的故事。据唐代徐坚《初学记》记载,安陵(在今陕西咸阳东北)人项仲山平素从不贪占便宜,每次到渭河中给马匹饮水,都要向水中投钱三枚。

百贤图

观图自警

宋璟是唐朝的贤相,素以刚正不阿闻名,在武则天时期就受到重用,玄宗开元四年(716)继姚崇为相,为了劝勉玄宗励精图治,他特意亲手抄写了《尚书》中的《无逸》篇,献给玄宗。原来这《无逸》篇是周公还政于成王之后,担心成王贪图享乐,荒废政事,所以作《无逸》以劝诫成王。文中引用商朝和周朝各王或辛勤操劳、或安逸享乐的正反两方面例子,说明只有勤劳恭慎才能永保江山社稷。玄宗见了很高兴,将文章放置在内殿,经常观览读诵,牢牢记在心中,时常称赞《无逸》中所说的都是古人的至理名言。尤其难得的是,玄宗在行事时也能遵从古训,任用贤才,克制私欲,把心思和精力都放在国家大事上,使唐朝出现了为后人所津津乐道的"开元之治"。开元以后,《无逸》图文剥落损坏,便换上了一幅山水图画,说来也怪,玄宗从此渐渐贪恋逸乐,昏庸无道,终于导致"安史之乱"爆发,使唐朝走向衰落。

百贤图

煮药燃须

唐玄宗李隆基十分看重兄弟亲情，刚刚登上帝位不久，他便让人制作了长枕大被，与大哥李宪、二哥李㧑、四弟李范、五弟李业兄弟五人同榻而眠，平时饮食起居都在一起，其乐融融。为了尽享兄弟天伦之乐，他特意令人把兴庆坊的五王宅改建为兴庆宫，让兄弟们在周围相邻而居。又建造了花萼相辉楼，他经常登楼眺望兄弟的住宅，或召兄弟登楼宴饮，同榻戏闹。玄宗临朝听政时，四兄弟在侧门朝见，以申君臣之礼，等到卷帘退朝后，马上就不分彼此，一同回宫听乐观舞，或去郊外打猎，露营野餐。兄弟中如果有谁生病，玄宗就心急如焚，坐卧不宁。有一次，五弟薛王李业身患重病，玄宗正在与大臣议政，得到消息后马上派使者前去探视，不大工夫使者就往返了十次。玄宗还亲自为李业煎药，不料炉子里的火苗被风一吹，烧着了玄宗的胡子，身边的人赶紧上前扑救，玄宗说："只要薛王服了药可以痊愈，我这胡须有什么可惜的！"薛王和其他大臣都十分感动。

百贤图

克己任贤

韩休是唐玄宗时的宰相，为人正直敢言，对于朝廷的时政得失，经常直率地提出自己的看法，知无不言，言无不尽。宋璟曾经称赞韩休的这种作风是仁者之勇。玄宗有时在宫中饮宴作乐，或者到后苑游玩打猎，如果稍稍言行失当，马上就神情紧张地问身边的人说："韩休知道这件事吗？"往往是话音刚落，韩休进谏的奏章就已经到了。玄宗有一次照镜子，闷闷不乐地沉默了许久。左右近臣说："韩休做宰相以来，陛下比以前瘦了许多，为什么不把他罢免掉呢？"玄宗感慨地说："我虽然瘦了，可是天下百姓必定肥胖了。萧嵩奏事时常常顺着我的心意，专挑好听的说，我当时很高兴，可是他退下去后，我却总觉得心里不踏实，睡觉也睡不安稳；而韩休常常在我面前与我争论，当时虽然觉得恼火，可是他走了之后，我却睡得很香。我重用韩休，完全是为了江山社稷着想，并不是为了自己。"

百贤图

奖劝循良

唐玄宗在位时，深知郡守、县令与百姓疾苦关系最为密切，而县令又受刺史节制，所以他亲自考察刺史的人选，如果遇到理想的人选，便亲自作诗相赠，加以勉励。有一天，玄宗与宰相张说等人来到宋州（治在今河南商丘附近），在楼上宴请群臣，宋州刺史寇泚也在座。玄宗对张说说："前些日子屡次派使臣分巡诸道，考察官吏的好坏。这次亲自走了几个州，才知道使臣的报告多数是靠不住的，哪位官员对他们招待最好，他们就说这个官员贤能；如果得罪了他们，他们就说这个官员的坏话。实在辜负了我的信任！"玄宗接着还举出王丘、裴耀卿等良吏，给他们提升了官职。又称赞寇泚忠于职守，不投机钻营以博取虚名，特意为他赐酒，以示鼓励。

百贤图

166

屏妻避祸

郭子仪是唐朝中兴大将，华州郑县（今陕西华县）人。安史之乱时，他任朔方节度使，在河北击败史思明叛军，后又配合回纥兵收复长安、洛阳，被封为汾阳郡王。他不仅具有杰出的军事才能，而且在政治上也很机敏，曾妥善处理了自己儿子与升平公主的纠葛；又曾只身拜会政敌鱼朝恩，令后者大为感动。特别是在对待大臣卢杞方面，更显出他的老谋深算。原来这位卢杞相貌十分丑陋，脸色发蓝，五官狰狞，口才很好，德宗时由御史中丞升为宰相，此后渐渐露出小人得志的本相，谁要是得罪了他，他必定要牢记在心，非得把对方置之死地才肯罢休，先后陷害杨炎、颜真卿等。李怀光揭露了他的劣迹，结果被贬到外地，死在异乡。郭子仪有一次生病了，朝臣们纷纷前去探视。郭子仪让家中女眷殷勤接待，毫不避讳。可是当卢杞来到时，郭子仪却急忙让妻女及下人躲起来，只留下他一人与卢杞相见。卢杞走后，家人就好奇地询问原因，郭子仪回答说："卢杞相貌丑陋，而又心胸狭小，身边的人见了他的样子一定会讥笑，他觉得受到了羞辱，日后定要加害于我们家族。我所以屏去左右，实在是为了免祸啊！"家人听了都很佩服。

百贤图

铸铁成砚

五代时后晋的桑维翰，字国侨。早年矢志进学，应进士试时，主考官反感他的姓与"丧"音相近，所以有意不录取他。有的人就劝桑维翰改行另谋出路，桑维翰偏不信邪，特意做了一篇《日出扶桑赋》，还用铁铸造了一方砚台，发誓说："哪一天这个砚台磨穿了，我就不再赶考应举了！"功夫不负有心人，他经过艰苦的努力，终于考上了进士。值得指出的是桑维翰后来的表现却颇受世人非议，他帮助石敬瑭称帝，并亲赴契丹乞援，割让燕云十六州。后晋建国后，他任集贤殿大学士、枢密院使等职，接受各方贿赂，聚敛了大量资财。后来在契丹军队大举进攻时，桑维翰被叛降契丹的将领张彦泽所杀。

百贤图

乐受格言

　　王昭素是五代末期的隐士，酸枣（今河南延津）人。少时笃学不倦，志向远大，受到乡邻的称赞。后来靠教授生徒为业。博通九经，尤其精通《诗经》、《周易》。当地百姓发生了争讼，不去惊动官府，都找王昭素给以裁决。宋太祖闻其声名，征聘他为国子监博士，并在便殿召见。此时王昭素已经七十多岁了，太祖向他询问治理天下与养生的道理。王昭素回答说："治世莫如爱民，养身莫如寡欲。"太祖十分高兴，认为这两句话言简而理切，便将它书写在屏风上、几案上，随时观览，仔细体会其中的含意。

百贤图

散遣宫人

宋太祖开宝五年春天,中原一带连降大雨,黄河发生了决口,太祖一方面焚香祈祷,一方面仔细反思自己有哪些失德的地方。他对宰相说道:"霖雨一直下个不停,我日夜焦虑不安,我担心是由于后宫滞留的宫女太多,才惹得上天发怒,降下水患以示惩戒。昨日令人清点后宫,总共有三百八十余人。我已经颁下旨意,谁愿意回家与亲人团聚,就向有关官员说明情由,经统计有百名宫女打算回家。我命人向她们发放了丰厚的赏赐,然后打发她们出宫了。"赵普等众大臣一听这话,全都称颂不已,山呼万岁。

百贤图

遵守旧章

赵普是宋朝的开国功臣。最初在太祖身边做事，学识平平，太祖责备他说："你最大的缺点就是不读书！"从此发奋读书，手不释卷，曾对宋太宗说："臣有《论语》一部，以半部佐太祖定天下，以半部佐陛下致太平。"宋太宗拜他为太师，曾两度出任宰相。据说在他担任宰相期间，时常在座位后面放置两个大瓮，凡是臣民前来投递有关兴利除弊的建议，他一概不看，随手就丢进瓮中，等到两个瓮都放满了，便让人拿到大街上，当众焚烧了事。其用意就是让众人都看见，再也不要提些五花八门的建议，一切都按照已有的章程办事即可。后来李沆出任宰相，也仿效赵普的做法，并且说的更明确："我身居重位，实际上起不到多大作用，惟一的长处就是将朝野所奏上的建议全都封杀，以不负国家的重托！"这种做法今天看来，显然是不对的，是典型的墨守成规。

百贤图

论字知非

王旦字子明，北宋大名莘县（今属山东）人，宋真宗时任宰相。他为人果敢善断，遭到毁谤也不计较，经常举荐别人又不让当事者知道。曾经在朝廷多次推荐张师德，说他出身名门，品行又好。但有一天王旦叹息说："可惜呀张师德！"旁人问他，他说："我本有意荐举他，但他却两次到我家中拜访。他是状元及第，迟早会得到显位，应当耐心等待才对，他却到处活动，急不可待，那么那些没有门路的人又怎么办呢？"

宋仁宗为太子时，张士逊任谕德之职，有一天在中书省见到王旦，极力称赞太子学习书法进步神速，字写得越来越好。王旦一听就不高兴了，毫不客气地回敬道："你的官职是谕德，就应当以礼义道德教育太子，才算得上称职。如果只关心太子的书法，还算什么谕德！况且太子又不像一般士人要应举考试，何必要把字写得很好呢？"张士逊听了王旦的一番教训，大为震惊，意识到自己确实失职了，从此后每天为太子讲解治国修身的道理。后来仁宗德行出众，成为一代贤君，固然是张士逊教导有方，可是王旦的提醒也功不可没。

百贤图

178

常读论语

李沆字太初,宋真宗咸平年间任宰相,曾经每天把各地水旱盗贼情况上奏给真宗,王旦对此很不以为然,认为这些细小的事情不值得让皇上知道。李沆说:"皇上年纪轻,应当让他多了解四方的艰难情形,不然的话,血气方刚,精力旺盛,不是留意声色犬马,就会兴起土木甲兵祷祠之事。我年纪老迈也许看不到这一天,而你日后必然会为此而忧虑。"王旦佩服他的话具有远见。

李沆经常读《论语》,有人问他:"《论语》的内容很浅显,有什么看头呢?"李沆说:"我身居宰相的要职,应当使朝廷政事件件妥当,天下百姓人人心安,才算称职。《论语》中有两句话:节用而爱人,使民以时(节约费用而爱惜民众,役使民众劳作要讲究时令),现在还没有做到,何况其他内容呢!可见圣人的言论,看似容易,做起来实在艰难,终身诵习也不过分,怎么可以轻视呢!"

百贤图

焚香告天

赵抃字阅道,宋仁宗时任殿中侍御史,弹劾不避权贵,京师号称"铁面御史"。还曾历任成都及虔、杭、越等州地方长官。在前往成都赴任时,随身携带的只有一龟一鹤,并无其他物品,可见其清高的性行。一生中每天所做过的事,夜晚必定要进行反思,具体做法是,穿戴得整整齐齐,点燃香烛,对着上天汇报自己一天所做过的事,如果有不敢告诉上天的事,就一定不敢去做。

古人说过,凡不与父兄师友言者,不可行也;不可与父兄师友行者,不可言也。赵抃对于不敢让上天知道的事即不敢去做,对自己要求之严无人可比。元丰初年他退居家乡衢州,看到当地溪石松竹景色可爱,便作诗一首:

轩外长溪溪外山,卷帘空旷水云间。

高斋有问如何答,清夜安眠白昼闲。

百贤图

借事纳忠

王曾字孝先，益都人，早年有咏梅花诗：未须料理和羹事，且向百花头上开。真宗时状元及第，有人对他说："状元及第，一生吃着不尽矣。"王曾正色说道："曾平生之志，不在温饱。"仁宗即位后，王曾累拜中书侍郎、同中书门下平章事，封沂国公。仁宗初登基时，只有十来岁，王曾认为皇上应当多学一些儒家经典，于是由侍讲学士孙奭、直学士冯元向仁宗讲解《论语》。王曾又选取古代圣贤事迹六十条，绘上图画，进献给仁宗，仁宗很高兴地接受了，并降下诏旨对王曾进行表扬。仁宗还命人将这些图文刻成木版，复制多份颁赐给身边的侍臣。后来仁宗还想了解更多的圣贤事迹，就下令朝臣每天绘二十幅先贤事迹画，供他观览学习。

百贤图

划粥断齑

北宋政治家和文学家范仲淹是苏州吴县人,两岁时就丧失了父亲,母亲贫困无靠,便改嫁朱氏,范仲淹也随着改姓朱。后来母亲去世,他才恢复本姓。范仲淹渐渐长大之后,决定独自外出求学,五年之间,他昼夜苦读,没有解衣睡过一个好觉。夜晚看书疲倦了,便用冷水擦擦脸,接着再看。他曾在长白山(今山东邹平县南)的一所寺庙里读书,生活十分清苦,每次用两升玉米煮成粥,盛在器皿中放一个晚上,粥便凝固成块,再用刀切成四份,每天早晚各取一块,就着少量碎咸菜充饥,也就是说这两升玉米煮成的粥就是他两天的饭食。凭着这种不怕吃苦的精神,范仲淹阅读了大量书籍,通晓了《诗》、《书》、《礼》、《易》、《乐》、《春秋》的精华,终于在大中祥符年间考中进士,从此步入仕途。由于他早年饱经忧患,深知民间的疾苦,所以在他多年政治生涯中,留下了许多廉洁奉公、周济贫弱、恭俭仁厚的佳话。

百贤图

编竹渡蚁

　　宋朝安陵（今属湖南）人宋郊与弟弟宋祁自幼聪颖过人，宋祁尤其文思敏捷，远近闻名。有一次，兄弟二人遇见一位西域僧人，这位僧人精通相面之术。他仔细观察了兄弟二人的相貌，断言弟弟宋祁日后必定会在科举考试中独占鳌头，而哥哥宋郊虽然稍逊，不过也会榜上有名。十年之后，宋氏兄弟前去应考，正巧在路上又遇见了那位僧人，僧人露出很吃惊的神色，对宋郊说："你的气色神韵与当年大不相同，看样子你是救活了几万生灵，到底是怎么回事呢？"宋郊说："我乃一介书生，哪有这么大的神通！"僧人说："草虫鸟兽也是生命，你再仔细想一想！"宋郊低头沉思很久，笑着说："记得我书房旁边有一个蚂蚁穴，有一天忽然下起大雨，雨水灌进了蚁穴，我急忙在蚁穴边搭了一根竹条，让蚂蚁渡到安全的地方，难道就是这件事吗？"僧人说："这就对了！看来你兄弟二人都要中状元了。"后来，宋祁中了状元，宋郊的名次排在弟弟后边。章宪太后看到这个结果，认为弟弟不应当超越哥哥，便将宋郊定为第一名，将宋祁定为第十名，正应了那位僧人的预言。

百贤图

手植三槐

宋朝大臣王祐，在宋太祖时任知制诰。当时，太宗的岳丈符彦卿镇守魏州，权势很大，有人便在太祖面前造谣说符彦卿图谋不轨。太祖便派遣王祐前去调查处理这件事，并对他许诺说："等你回来后就让你担任和王溥一样的官职。"王溥当时官居宰相，太祖的意思是不言而喻的。王祐到了魏州后，并没有草率行事，而是明查暗访，秉公办理。他经过认真调查发现符彦卿并没有谋反之心，只是他有一个家人飞扬跋扈，不守规矩而已。王祐便将这位家人流放到外地。回到京城后，他极力替符彦卿辩解。太祖嫌他出言不逊，将他贬往华州。亲朋故友在为他送行时都替他惋惜，说："我们都想着你该做宰相了呢！"王祐笑着说："我做不了宰相，可是我的儿子必定会做宰相！"于是他亲手在庭院中栽下三棵槐树，祝告说："我的子孙必定有人会做到三公的官职！"后来他的儿子王旦果然做了真宗朝宰相，孙子王素官至端明殿大学士。看来王祐不曲意逢迎、救人于危难的高风亮节，不但积下了阴德，而且也为儿孙们树立了榜样。

百贤图

毁器试子

北宋大臣吕夷简,是宋仁宗时的宰相。他有四个儿子,个个聪敏博学。吕夷简想要进一步考察四个儿子中,究竟谁更具有宰相的风度,于是有一天,他有意让家人端着珍贵的器皿去送茶水,一不小心跌倒在地,将器皿打得粉碎,其他三个儿子都大惊失色,乱作一团,只有二儿子吕公著镇定自若,神态十分安详。吕夷简由此断定二儿子将来必成大器。后来,吕公著果然做了宰相。

吕夷简的这种做法,其实在历史上早有先例,南北朝时期东魏大丞相高欢,曾经想要考察几个儿子的才能,给每个人一团乱糟糟的丝线,要他们将这些乱丝整理好,其他几个儿子按照吩咐,都开始认真整理,只有二儿子高洋抽出佩刀,朝着乱线猛砍,嘴里喊道:"治理纷乱要当机立断!"高欢十分赞赏。后来高洋代魏自立,成为北齐政权的建立者。

百贤图

善诵增色

　　宋代人王沔字楚望，齐州人，宋太宗太平兴国年间举进士，任左谏议大夫。端拱初年任宰相。太宗每次对举人进行殿试，都让王沔朗读试卷。王沔诵读的技艺很高明，即使是文采平平的文章，经他用抑扬顿挫的语调一读，听起来顿时珠圆玉润，酣畅淋漓，令人荡气回肠。凡是经过王沔诵读的试卷，考生往往能够高中前榜。许多考生在交卷时都暗暗祈祷说："但愿我的试卷能够让王沔朗读！"
　　诵读的作用确实很大，据周密的《齐东野语》记载，有一个人将自己写的诗拿给苏轼看，苏轼让他诵读。读完后他问苏轼这首诗能打多少分。苏轼说："可打十分。"这个人非常高兴，露出得意的神色。不料苏轼慢慢地又补充了一句："其实诗本身只能打三分，倒是朗读的功夫很是出色，可以打七分。"

百贤图

嗜学失牛

　　元末明初人王冕幼年时家中贫穷，父亲让他放牛，他把牛放在地里，自己偷偷溜进学校，听学生们读书，等到天黑时回到家中，忘记了牛还在地里。父亲很生气，狠狠责打了他一顿。过不了几天，他就忘了挨打的事，又溜到学校去听书。母亲劝父亲说："孩子既然这么喜好学习，为什么不能由着他呢？"于是王冕便来到一所寺庙，跟着寺僧读书识字。到了晚上，他就坐在大佛像的腿上，就着佛像前的长明灯读书，终于成为远近闻名的大学者。

　　王冕的事迹与东汉时人高凤很相似，高凤是南阳叶县人，早年一边种田一边读书学习，经常彻夜读书，孜孜不倦。有一次妻子到田里干活，临走时叮嘱高凤看好晒在庭院里的麦子，以防被鸡啄食。不一会儿天气突变，下起了暴雨，高凤一手拿着竹竿，专心致志地读书，竟然没有觉察到下雨，结果庭院里的麦子被雨水冲走了。妻子回来后问他，他才恍然醒悟。

图书在版编目(CIP)数据

百贤图/(明)焦竑 撰;(明)丁云鹏 等绘画;思齐 编.
—西安:三秦出版社,2001.12(2023.6重印)
(图文版人物写真)
ISBN 978-7-80628-536-7

Ⅰ.①百… Ⅱ.①焦… ②丁… ③思… Ⅲ.①名人—生平事迹—中国—古代—图集 Ⅳ.①K820.2-64

中国国家版本馆 CIP 数据核字(2023)第 084114 号

百贤图

焦竑 撰

出版发行	三秦出版社
社　　址	西安市雁塔区曲江新区登高路 1388 号
电　　话	(029)81205236
网　　址	http://www.sqcbs.cn
邮政编码	710061
经　　销	全国各新华书店
印　　刷	山东阳谷毕升印务有限公司
开　　本	720×1000
印　　张	13
字　　数	70 千字
版　　次	2001 年 12 月第 1 版
印　　次	2023 年 6 月第 2 次印刷
印　　数	5001—10,000 册
标准书号	ISBN 978-7-80628-536-7
定　　价	46.80 元

版权所有　侵权必究
凡有缺页、倒页、脱页,可与工厂直接调换。